dtv

W0357340

Am Tag vor der Hochzeit macht die Braut einen Rückzieher und lässt alles absagen. Dem erfolgreichen Manager unterläuft unerwartet ein folgenschwerer Fehler. Die Studentin geht nicht zur letzten Prüfung, obwohl sie ihr Examen bislang bravourös gemeistert hat. Die Reaktion der Umwelt: Entsetzen, Kopfschütteln, Unverständnis. Der Skandal ist perfekt. Allan Guggenbühl untersucht den Skandal als ein wichtiges gesellschaftliches und persönliches Phänomen samt seinen Rahmenbedingungen, Ursachen und Konsequenzen. Er gibt Einblick in die »Kryptonormen«, die das Zusammenleben in Gruppen regeln, und schildert den Menschen im Spannungsfeld zwischen seinem Bedürfnis nach Konformität und dem Wunsch nach einem Profil. Vor allem aber zeigt er, dass persönliche Skandale oft einen tieferen Sinn haben, manchmal sogar notwendig sind: Wer den Mut hat, bestehende Tabus hin und wieder in Frage zu stellen und eingefahrene Gleise zu verlassen, spürt neue Lebendigkeit. Aus der Anpassung kann ihn sein Weg zur Verwirklichung seiner eigentlichen Lebensziele und tiefsten Wünsche führen.

Allan Guggenbühl, geboren 1952, leitet das Institut für Konfliktmanagement und Mythodrama in Zürich. Er unterrichtet außerdem als Dozent für Psychologie und Pädagogik am Kindergartenseminar Zürich und am C. G.-Jung-Institut Küsnacht. Er ist Autor zahlreicher Publikationen.

Allan Guggenbühl

Wer aus der Reihe tanzt, lebt intensiver

Mut zum persönlichen Skandal

Deutscher Taschenbuch Verlag

Ungekürzte Ausgabe
November 2003
Deutscher Taschenbuch Verlag GmbH & Co. KG,
München
www.dtv.de
Das Werk ist urheberrechtlich geschützt.
Sämtliche, auch auszugsweise Verwertungen bleiben vorbehalten.
© 2001 Kösel-Verlag GmbH & Co., München
Umschlagkonzept: Balk & Brumshagen
Umschlaggestaltung: Catherine Collin unter Verwendung
einer Fotografie von © Getty Images/Andrew Olney
Gesetzt aus der Optima
Gesamtherstellung: Druckerei C. H. Beck, Nördlingen
Gedruckt auf säurefreiem, chlorfrei gebleichtem Papier
Printed in Germany · ISBN 3-423-34037-1

Inhalt

Einleitung

Das Feuer im Kamin ist fast erloschen. Ein Buch über die Kindheitserinnerungen eines Postmeisters in Pommern in der Hand, schweift der Blick durchs Zimmer und bleibt schließlich bei den dunklen Fenstern hängen. Draußen herrscht Nacht. Im Hintergrund hört man leise eine Stimme und hie und da ein Geballer: Der Ehemann sieht einen Dokumentarfilm über die Versenkung der »Bismarck« an. Vorher hat man einen gemütlichen Abend mit Freunden verbracht. Man sprach über Ferienpläne, das Studium der Tochter in Bochum und das Problem der Gartenpflege im Ferienhaus. Man war sich einig, dass man im Herbst in den Süden reisen sollte. Ein gelungener Abend nach einer erfolgreichen Woche.

Eigentlich sollte man ja zufrieden sein: Man hat einen einigermaßen lieben Mann, eine befriedigende Halbtagsstelle und liebe, bald erwachsene Kinder. Im eigenen Freundeskreis wird man geschätzt und die Wohnsituation ist perfekt. Die Fünfzimmerwohnung im Wohngebiet ist verkehrstechnisch gut erschlossen, ruhig und außerdem in einer angenehmen Nachbarschaft gelegen. Das Schicksal hat es mit einem gut gemeint, man musste keinen Krieg, keine persönlichen Katastrophen erleiden und ist dank regelmäßigen Trainings immer noch körperlich fit. Eigentlich sollte man sich glücklich schätzen, dermaßen privilegiert und geordnet zu leben. Alles stimmt: die Partnerschaft, die Familie, der Beruf und die Wohnsituation.

Trotz der äußerlich perfekten Lebenssituation bedrängt einen ein kleiner, mühsamer Gedanke: Soll es das nun gewesen sein? Wieso bin ich, wenn doch alles stimmt, nicht wirklich zufrieden? Äußerlich habe ich alles, was man sich unter einem geordneten Leben wünscht, trotzdem stellt sich das Gefühl der restlosen Zufriedenheit nicht ein. Was ist mit mir los? Wieso kann ich nicht einfach glücklich sein und mich freuen über mein gelungenes Leben?

Die Unerträglichkeit der Normalität

Der Mensch ist ein schwieriges, widersprüchliches Wesen. Immer wieder entwickelt er Vorstellungen darüber, wie sein Leben aussehen sollte: Ein ganz normales Leben zu führen, ist das Ziel der meisten Menschen. Eine liebe Partnerin, ein Zuhause, Geborgenheit und ein abwechslungsreiches Leben. Doch wenn man alles erreicht hat, spürt man, wie man dies nicht einfach so annehmen kann. Das äußere Glück führt nicht zu einer restlosen inneren Zufriedenheit. Ein kleines Teufelchen regt sich und flüstert einem diabolische Ideen ein oder »unangebrachte« Gefühle. Normalität und geordnete Verhältnisse führen nicht unbedingt zu innerem Glück, sondern auf Dauer zu Unzufriedenheit: Partnerkritik oder Kritik an anderen Personen, neue Wünsche, Projekte und Pläne stellen sich ein. Der Partner wird als langweilig, seine historischen oder Sportinteressen als irrelevant oder die esoterischen Interessen der Partnerin als abwegig empfunden. Eine andere Möglichkeit ist, psychosomatische Beschwerden zu entwickeln, die Wohnsituation zu kritisieren oder am Arbeitsplatz unzufrieden zu werden.

Tatsache ist, dass die meisten Menschen große Mühe haben, über längere Zeit Normalität zu leben. Obwohl es nicht unseren Absichten und unseren Konzepten von Leben entspricht, können wir nur schwer mit Normalität umgehen. Das Glücksgefühl, das sich bei Erreichung eines Zieles einstellt, ist meist nur von kurzer Dauer. Für den Menschen ist Normalität längerfristig ein unerträglicher Zustand. Wenn außen alles klappt, stellt sich innerliche Unzufriedenheit ein.

Dieses Buch hat Reaktionsweisen auf solche innerlichen Unzufriedenheiten zum Thema. Statt dem Trugbild Normalität zu verfallen, gilt es, das kleine Teufelchen in uns zu respektieren, dem »Unzufriedenheitsgen« im Leben einen Platz einzuräumen. Es wird dargelegt, welche Wege offen stehen, damit wir diese Seite im Leben einbringen können, ohne dass es zur persönlichen Katastrophe kommt.

Der persönliche Skandal

Von der braven Tochter zum Problemfall

Wieso einfach, wenn es kompliziert geht? Der blonde Assistenzarzt kapriziert sich mit Informationen zu seiner Person. Statt seiner Kollegin das Datum seines Geburtstags direkt mitzuteilen, erfindet er ein kompliziertes Zahlenrätsel. »Summiere die Anzahl der Türen dieses Krankenhauses mit dem Durchschnittsalter unserer beiden Oberärzte und multipliziere das Resultat mit der Anzahl der Stadtheiligen …« Die Kollegin muss längst archiviertes mathematisches Schulwissen aktivieren und ihre Fantasie bemühen, bis sie das Jahr, den Monat und den Tag herausfindet, an dem ihr Arbeitskollege das Licht der Erde erblickte.

Das kurze Pausengeplänkel lässt die knapp 30-jährige Frau nicht mehr los. Die spielerische Art, wie ihr Kollege eine banale Frage beantwortete, löst in ihr etwas aus. Sie fühlt sich irritiert und belebt zugleich. Langsam dämmert es ihr: Sie kann ihren Verlobten nicht heiraten! Die Feier muss abgesagt werden! Alles ist bereits eingefädelt: Das Lokal ist gemietet, der Pfarrer bestimmt, das Menü entschieden, die Blumendekoration bestellt, die Sitzordnung festgelegt, und wahrscheinlich hatten sich ihre Geschwister wegen des Programmablaufs bereits gestritten.

Die nächsten zwei Tage sind für die junge Frau die Hölle. Sie wälzt sich nachts im Bett, schwitzt und kann kein Auge zutun. Ich kann doch nicht alle vor den Kopf stoßen! Was wird man von mir denken! Doch seit dem kurzen, belanglosen Gespräch mit dem Arbeitskollegen spürt sie, dass sie so nicht weitermachen kann. Schließlich, am Tag vor der Hochzeit, teilt sie ihrem Verlobten schluchzend mit: Ich kann dich nicht heiraten, es geht nicht. Die Hochzeit muss abgesagt werden.

Die Fortsetzung kann man sich vorstellen: Aufregung, Empörung, Verständnislosigkeit, Verwirrung, Trauer und Ratlosigkeit. Niemand versteht das Verhalten der jungen Frau. Wieso so spät? Muss sie alle enttäuschen? Ihr Freund ist bestürzt, ihre Familie fassungslos und ihre Bekannten sind irritiert. Geschichten beginnen zu kursieren: Das Hochzeitskleid habe sie bereits angezogen gehabt, die Schwiegermutter sei zusammengebrochen, ein alter Freund habe sich zwei Tage vor der Hochzeit gemeldet. Eine Frage beschäftigt alle: Kann ich das Hochzeitsgeschenk zurückgeben?

Die Beinahe-Braut wird in den folgenden Wochen einer unbarmherzigen psychologischen Analyse unterzogen: Sie war schon als kleines Kind eigenwillig, konstatieren die Schwestern. Seit ihrem Universitätsabschluss ist sie eingebildet, weiß eine Tante. Der Feminismus ist schuld, diagnostiziert eine Cousine. Sie hat sich in jemand anders verliebt, kolportiert eine »wissende« Kollegin. Die junge Frau wird durch ihre abrupte Entscheidung zum Wochenthema ihrer Familie, ihres Freundeskreises sowie der Nachbarn. Man ist sich einig: Ihr Verhalten ist infantil, gestört und unüberlegt! Eine angepasste, freundliche Frau hat massive emotionale Reaktionen in der Familie und im Freundeskreis provoziert. Ihr Ruf ist ruiniert. Ihr später Rückzug wird von der Umgebung nicht verstanden. Die junge Frau hatte einen *persönlichen Skandal* verursacht.

Das Wesen des persönlichen Skandals

Bei persönlichen Skandalen handelt es sich um Verhaltensweisen, die einem sozialen Code, einem Ritual, einer Konvention oder einem moralischen Grundsatz widersprechen. Es sind Handlungen oder Entscheidungen, die irritieren, emotionalisieren oder Ärger erregen. Bei einem persönlichen Skandal machen wir uns selbst zum Thema. Wir überschreiten eine Anstandsgrenze, verletzen ein Tabu, verhalten uns bizarr oder vielleicht sogar kriminell. Der Skandalierer – so will ich im Folgenden denjenigen nennen, der einen Skandal verursacht – setzt sich über eine Regel, Norm oder die Moral hinweg. Sein Verhalten erregt Anstoß, zieht negative Reaktionen und Beurteilungen nach sich. Der Skandal ist *persönlich*, weil das Fehlverhalten *innerhalb der eigenen Bezugsgruppe* inszeniert wird. Man skandaliert sich nicht öffentlich, sondern im Rahmen der Familie, der Beziehung, der Peergroup, der Kollegen, des Freundeskreises oder des eigenen Standes. (Auch die Formulierung »sich skandalieren« verwende ich fortan meistens für die etwas umständlichere Ausdrucksweise »einen Skandal verursachen«.)

Damit ein Verhalten oder eine Aussage als Skandal wahrgenommen wird, ist ein *geeignetes Umfeld* erforderlich. Für einen Einsiedler in Patagonien ist es schwierig, sich zu skandalieren – die Lamas werden kaum Notiz von seinem etwaigen Fehlverhalten nehmen. Nur wenn wir Mitglied einer *Gemeinschaft* sind oder eine Funktion in der Gesellschaft erfüllen, können wir uns skandalieren. Wir müssen Teil einer Gruppe sein, die sich Verhaltensrichtlinien, eine Moral und Werte gibt. Unsere Bezugsgruppe muss definieren, was man *nicht* darf, wo die Grenze des moralisch zulässigen Verhaltens liegt und was mit einem Tabu belegt wird. Die Fast-Braut konnte sich nur skandalieren, weil sie als Teil der Familie und des Freundeskreises betrachtet wurde. Durch das Verhalten der jungen Frau wurden ihre Bezugsgruppen herausgefordert, indem eines ihrer Rituale in Frage gestellt wurde. Die junge Frau hatte eine Gruppennorm missachtet.

Gruppennormen gibt es in verschiedenen Ausprägungen. Sie bestimmen, was in einer Gemeinschaft, einer Familie, einer Arbeitsgruppe oder einem Betrieb als »normal« angesehen wird. Viele Verhaltensvorstellungen beziehen sich auf den *Anstand*: Beim Essen wird nicht ins Tischtuch geschnäuzt, der Teller wird nicht abgeschleckt und die Knochen werden nicht hinter den Stuhl geworfen, steht beispielsweise in einem Anstandsbuch aus dem Mittelalter. Anstandsregeln sind Richtlinien zum Umgang untereinander, die auch das heutige Zusammenleben normieren: Einem Tischnachbar gähnt man nicht gleich gelangweilt zu, wenn er im Detail von seinen wunderbaren Ferien in der Algarve erzählt, oder bei Witzen des Chefs wird zumindest gelächelt. Unsere Erziehung und Sozialisation sensibilisieren uns für Verhaltensweisen, die einen pfleglichen Umgang mit unseren Mitmenschen ermöglichen. Wenn wir uns anständig verhalten, dann verletzen wir die Gefühle und Empfindlichkeiten anderer Personen weniger.

Anstandsregeln sind Konventionen – Abmachungen, die von Kultur zu Kultur verschieden sind und die helfen, komplexe soziale Situationen zu meistern oder Unsicherheiten zu überwinden. Ist man zum Abendessen eingeladen, dann gebietet eine Anstandsregel, dass man den Gastgebern eine Flasche Wein, einen Blumenstrauß oder ein anderes Geschenk mitbringt. Geld als Dank auf den Tisch zu legen, wäre dagegen unangebracht. In den Vereinigten Staaten gab es jedoch früher »Dollarpartys«, bei denen es üblich war, ein paar Dollarnoten als kleinen Beitrag für die Auslagen der Gastgeber in einen Korb zu werfen. Bei einer Warteschlange vor dem Post- oder Bankschalter stellt man sich in mitteleuropäischen und angelsächsischen Ländern am Ende der Schlange an. Sich nach vorne zu drängeln und gleich zum Schalter zu treten, wäre peinlich und würde wütende Blicke oder gar Handgreiflichkeiten provozieren. In einzelnen lateinamerikanischen oder arabischen Ländern bilden sich hingegen unförmige Menschentrauben vor Schaltern, und es entscheidet die physische Stärke und Beweglichkeit, wer zuerst bedient wird.

Die Magie der Alltagsrituale

Der Anstand definiert das Verhalten im mikrosozialen Bereich. Wie schon kurz angedeutet, kennzeichnen sich menschliche Gemeinschaften auch durch *Rituale*. Durch die mit ihnen einhergehenden stereotypen Verhaltensabläufe versuchen wir alltägliche oder häufig wiederkehrende soziale Herausforderungen zu meistern. Es handelt sich dabei um gesellschaftlich oder durch die Bezugsgruppe tradierte Verhaltensabläufe, die allen Gruppenmitgliedern bekannt sind.

Verschiedene Rituale durchziehen das Leben. Wenn sich zwei alte Bekannte auf der Straße begegnen, begrüßen sie sich. Wie sie dies tun, bestimmen die Vorgaben der Kultur oder des sozialen Kreises. In ihrem Verhalten orientieren sie sich unbewusst an den üblichen Verhaltensformen. Vielleicht nicken sie sich zu, lächeln, geben sich die Hand und tauschen ein paar Worte aus. Früher hoben die Männer den Hut. Wenn sie sich gegenseitig fragen, wie es geht, erwarten sie keine detaillierte Beschreibung des familiären, gesundheitlichen, finanziellen und persönlichen Zustands, sondern lediglich ein »Gut – und dir?« oder nur ein »Und dir?«. Diese floskelhafte Frage zielt nicht nach der Erkundigung der seelisch-psychischen Befindlichkeit, sondern ist Teil des *Kontaktrituals*. Bei Verhandlungen, Festlichkeiten, religiösen Zeremonien, politischen Auseinandersetzungen oder Machtübergaben stützen wir uns auf die Verhaltensmuster, die unsere Kultur anbietet.

Auch die Übergabe der Abschlusszeugnisse am Gymnasium folgt einem ritualisierten Ablauf. Die Szenerie ist vorgegeben: die nervösen Eltern, die gelangweilten, aufgeregten oder erfreuten Absolventen, die Abiturzeitung mit spätpubertären Verunglimpfungen des Lehrkörpers oder narzisstischen Selbstbeweihräucherungen der Oberstufenschüler, die letzten Worte des Direktors, der Gang zur Überreichung des Abiturzeugnisses usw. Der Ablauf ist den Anwesenden vertraut. Die Beteiligten wären überfordert, wenn sie jedes Mal die Form des Abschlusses einer Ausbildung neu erfinden müssten.

Junge Leute lehnen sich bei ihren ersten Kontaktaufnahmen mit dem anderen Geschlecht an die Rituale an, die ihre Peergroup anbietet: Herumhängen vor dem Schulhaus, Zurschaustellung von Coolness, Gespräche über Belanglosigkeiten, Erkundigungen nach einem bestimmten Typ oder Mädchen, Einladung zu einem Drink oder in die Disco. Abweichungen von diesen Abläufen verursachen Verlegenheiten oder Irritationen: Kommuniziert ein Mädchen schon beim ersten Blickkontakt, dass sie sich für einen Jungen interessiert, dann weiß dieser nicht mit der Situation umzugehen.

Rituale beeinflussen auch die Beziehung zwischen Eltern und Kindern. Jugendliche drücken ihre Unabhängigkeit aus, indem sie Lehrpersonen und Eltern ärgern, sich bewusst anders kleiden, einen alternativen Jargon benutzen oder sogar kriminelle Delikte begehen. Das Ritual verlangt, dass man vom Vater oder der Mutter *nicht* verstanden wird und die eigene Autonomie lautstark einfordert. Wenn Eltern sich über ihre Sprösslinge aufregen, folgen sie dem Ritual.

Rituale entwickeln sich auch im Familien- und Freundeskreis. Viele Familien feiern Weihnachten nach einem bestimmten Ablauf: Aperitif mit Lachsbrötchen, gemeinsames Herumstehen, Klagen über das Zuspätkommen eines Familienmitglieds, der Weihnachtsbaum, die freudige Erregung der Kinder, die hochnäsigen oder sentimentalen Reaktionen der Erwachsenen, das Singen, der Weihnachtsbraten etc. Die Teilnehmer passen sich dem Schema an, das die Familie für Weihnachten anbietet. Die Identifikation mit den Ritualen ist uns meistens gar nicht bewusst. Wir orientieren uns an ihnen, auch wenn wir persönlich den Eindruck haben, die Handlung selber zu gestalten.

Rituale prägen auch die Arbeitswelt. Besteigen wir ein Flugzeug, dann empfängt uns schon beim Einstieg die Crew. Man wird als Flugpassagier durch ein freundliches, abwesendes oder kokettes »Hallo« oder »Guten Tag« begrüßt. Es geht jedoch nicht um persönliche Kontaktaufnahme, sondern um ein *Besänftigungsritual*. Die Kleidung, das sichere Auftreten, die Streifen an den Ärmeln sollen den Passagieren Ängste nehmen und ihnen die Gewissheit geben, dass sie in sicheren Händen sind.

Viele Arbeitskämpfe folgen rituellen Mustern: Der Besitzer einer nordenglischen Filmrollenentwicklungsfabrik wurde kurz nach der Übernahme des Betriebes mit einem Streik der Angestellten konfrontiert. Sofort wollte sich der aus Deutschland stammende Unternehmer mit seinen Angestellten zusammensetzen und ihre Forderungen diskutieren. Seine Vorgehensweise stieß auf deutliche Irritation. Die Arbeiter reagierten entsetzt. »Das geht nicht!«, wurde ihm signalisiert. Auf Rat eines Freundes stieg er in einen teuren Mercedes, fuhr zum Eingangstor seines Betriebes und forderte Einlass in die Fabrikhallen. Die Streikposten der Arbeitnehmer waren vorbereitet. Sie protestierten lautstark, warfen Farbbeutel und verweigerten dem Betriebsinhaber die Durchfahrt. Aufregung und Empörung herrschten. Der Unternehmer verharrte indigniert im Fond seines Wagens und pochte mit steifer Miene auf sein Recht, durchgelassen zu werden. Schließlich fuhr er zähneknirschend weg. Nach diesem Zwischenfall verwandelte sich die Stimmung unter den Arbeitnehmern schlagartig. Die Angestellten waren bereit, sich mit dem Inhaber an einen Tisch zu setzen, um über eine Lösung des Arbeitskonfliktes zu verhandeln. Dieser Konflikt folgte einem Ritual, das respektiert werden musste. Durch dieses konnten die Angestellten ihre ambivalente Beziehung zur Firmenleitung ausdrücken, ihre Macht demonstrieren und sich auf einen Kompromiss einigen, ohne dabei das Gesicht vor ihren Familien und ihrem Freundeskreis zu verlieren. Die rituelle Machtdemonstration war Voraussetzung für eine konstruktive Zusammenarbeit.

Durch Rituale versuchen wir Unsicherheiten zu Beginn einer neuen Lebensphase zu meistern oder einen neuen Daseinsstatus zu markieren. Taufe, Firmung, Konfirmation, Schulabschluss, Verlobung, Hochzeit und Beerdigung sind mit traditionellen Ritualen verbunden, durch die Änderungen im Status eines Mitmenschen nach außen kommuniziert werden. Sie erinnern gleichzeitig an die Unerbittlichkeit der Zeitlichkeit unseres Lebens. Dem Freundes- und Familienkreis wird die Botschaft vermittelt, dass die Betreffenden in eine neue Lebensphase treten. Durch die Mitwirkung am Ritual partizipiert die Umgebung an den Hoffnungen und Erwartungen, die mit der neuen Lebensaufgabe verbunden sind. Beim weißen Brautkleid, bei den gehauchten Ja-Worten in der Kirche, der Tante, die zu Tränen gerührt ist, den Konfettis oder Reiskörnern, der Fahrt im Wagen oder in der Kutsche, dem Aperitif, dem Essen, den Ansprachen, den Vorführungen der Geschwister oder Freunde und schließlich dem Hochzeitstanz handelt es sich um Elemente eines einzigen großen Rituals.

Rituale kommunizieren Botschaften.[1] Die Abiturfeier weist auf die Bedeutung der Bildung hin und entlässt die Schüler und Schülerinnen vor den Augen der Gemeinschaft aus den Fittichen der Erwachsenen. An Weihnachten wird an die Familiengemeinschaft erinnert und bei den Arbeitskämpfen werden Hierarchien markiert oder die Macht der Arbeitnehmer dokumentiert. Vertraute Abläufe werden jedoch auch mit persönlichen Botschaften vermischt: Die Mutter lässt den Weihnachtsbraten verkochen, um indirekt ihre schlechte Laune mitzuteilen, der zu spät kommende Bruder will auf seine Bedeutung hinweisen und der klagende Vetter möchte sich als Außenseiter präsentieren. Die Variationsbreite eines Rituals ermöglicht erst die Kommunikation persönlicher Botschaften. Bei Hochzeitsfeiern können versteckte Emotionen, die bei der Zusammenführung zweier Familien immer auch vorhanden sind, durch Missachtung oder Veränderung eines Rituals ausgedrückt werden. Während der Predigt des Pfarrers blättert ein Junge zum Beispiel ostentativ in seinem Gebetbuch, ein anderer stellt sein Handy nicht ab und der Schwager beleidigt die Musiker.

Rituale können wir pedantisch befolgen, spielerisch modifizieren, humoristisch interpretieren – oder wir lehnen uns dagegen auf. Rituale ermöglichen soziale Positionierung und, wie gesehen, die Vermittlung von Botschaften an die Umgebung. Die Missachtung eines Rituals löst unweigerlich Reaktionen aus und kann zu einem Skandal führen. Wenn ein vorgegebener Verhaltensablauf nicht respektiert wird, dann wird ein Wert der Gemeinschaft angegriffen. Das Durchbrechen eines stereotypen Verhaltensablaufs provoziert Ärger und Irrationen, kann jedoch auch ungeahnte Diskussionen auslösen:

Zwischen zwei Geschwistern entwickelt sich während der Trauerfeier zu Ehren ihres verstorbenen Bruders ein heftiger Streit. Sie sitzen in der vordersten Bankreihe der Kirche. Die Trauergäste können den Inhalt der Diskussion nicht hören, da die Orgelmusik den großen Kirchenraum erfüllt. Das Orgelspiel ist schließlich beendet, die Diskussion der beiden Geschwister jedoch nicht. Laut und deutlich hört man nun, wie die ältere Frau ihrem Bruder gegenüber zuraunt: »Du hast ihn umgebracht!« Natürlich wird der peinliche Vorfall von allen zunächst ignoriert. Später, nach dem Trauergottesdienst, wird die Bemerkung zu einem Kernthema bei der Besprechung des Begräbnisses sowie der Familiengeschichte.

Die Frau hatte ein Ritual missachtet. Ihre Weigerung, sich anzupassen und die Rolle der trauernden Schwester zu spielen, führte zu einer vertieften Auseinandersetzung mit der Familienpsychologie.

Die Macht der Kryptonormen

Gemeinschaften werden nicht nur durch Werte, Rituale und Anstandsregeln zusammengehalten, sondern auch durch versteckte Leitvorstellungen, durch das, was »man nicht tut«. Es handelt sich um Interessen oder Ansichten, die als unpassend gelten. Diese *Kryptonormen* werden nicht ausdrücklich erwähnt, doch jedes Mitglied des betreffenden sozialen Kreises weiß, dass man sie beachten muss. Im Gegensatz zu den Normen werden sie nicht angesprochen. Die meisten Gemeinschaften oder soziale Kreise streiten sogar ab, über Kryptonormen zu verfügen. Wir müssen sie trotzdem beachten, wenn wir uns im entsprechenden sozialen Kreis bewegen. Meistens haben wir ein gutes Gespür dafür, was man denken und wie man sich verhalten soll.

»Entlastung!« fordert der Kollege vehement während der Klausurtagung. Seine Kollegen und Kolleginnen nicken zustimmend, einzelne unterstreichen diese Forderung auch verbal. Die Schuldirektion soll wissen, dass der Arbeitsdruck als Lehrperson »immer größer« wird, die Probleme »immer schwieriger« und die Arbeitsbedingungen »immer schlechter«. Diese Basissätze tauchen während der zweistündigen Diskussion immer wieder auf. Analysiert man die Arbeitsbedingungen jedoch nüchtern, dann ist keineswegs klar, ob man es heute als Lehrer »viel schwerer« hat. Vieles hat sich während der letzten 20 Jahre verbessert: die räumlichen Verhältnisse, der Lohn, die Klassengröße, die Weiterbildungsmöglichkeiten und das Ausmaß des Förderunterrichts. Solche Gegenargumente dürfen aber nicht vorgebracht werden. Die Kryptonormen verbieten es. Sie definieren, was gedacht werden darf. Wer anders denkt, wird entweder nicht gehört oder spürt Ablehnung. In Gruppen mit einem ausgeprägten Zusammengehörigkeitsgefühl verstärken sich diese Normen noch. Das individuelle Denken und Urteilen weicht der Anpassung an das, was man in der Gruppe als das Richtige ansieht.[2]

Da es sich bei Kryptonormen um Überzeugungen handelt, die einer Gruppe zu innerem Zusammenhalt verhelfen, dürfen sie nicht angezweifelt werden. Wenn sie auf wackligen Beinen stehen, dann wird verbale Akrobatik eingesetzt, um sie zu verteidigen. Da der Gruppenzusammenhalt nicht gestört werden darf, ist es für einen Außenseiter auch schwierig, sie anzusprechen. Oft wehren wir uns genau mit jenen Begriffen, die die Kryptonormen missachten.

»Teamgeist und Interdisziplinarität sind uns wichtig!«, betonte der Chef einer Klinik in der Nähe von Zürich. Nur Naive nahmen ihn jedoch beim Wort, denn alle wussten, dass in dieser medizinischen Institution klare Hierarchien galten. In der Praxis entpuppte sich seine Aussage als Verbalphrase. Sie reflektierte das *Ideal* der Klinikangestellten, hatte jedoch nur einen losen Bezug zu dem, was wirklich gelebt wurde.

Viele Kryptonormen beziehen sich auf Oberflächlichkeiten. Sie äußern sich in Mode- oder Stildiktaten. »Golf ist ein Sport für Snobs! Wer diesem dekadenten Sport nachgeht, ist ein Möchtegernmillionär«, behauptet ein Mitglied einer Laientheatergruppe und seine Kollegen nicken zustimmend. Als sich ein anderes Mitglied der Gruppe für Urlaub in St. Andrews in Schottland interessiert, wo er genau diese Sportart ausüben möchte, löst er allgemeines Kopfschütteln aus. Der Mann hat sich zwar nicht skandaliert, sorgt jedoch wegen seines neuen Interesses für leichte Irritation. Er verletzt eine Kryptonorm.

Ein anderes Beispiel: Wir glauben uns in der Regel nach dem eigenen Geschmack zu kleiden. Tatsächlich richten wir uns jedoch häufig danach, was »in« ist. Unser ästhetisches Empfinden respektiert meistens die Richtlinien, die unser Kreis oder die Gesellschaft aufgestellt hat. Wir sind nicht wirklich unabhängig, sondern passen uns dem an, was die Kryptonormen vorschreiben. In alternativen oder pädagogischen Kreisen gilt es fast als anrüchig, sich modisch zu kleiden. Kleider sollen den Körper verhüllen und signalisieren, dass andere Themen im Leben wichtiger sind. In den meisten Kreisen ist es absolut »out«, weiße Socken zu tragen. Wer trotzdem so erscheint, verrät sich als biederer Provinzler.

Viele Kryptonormen beziehen sich auf die Bewertung von Berufskategorien. Bestimmte Berufe dienen als Feindbilder: »Beamte sind Parasiten der Gesellschaft, die sich nur um ihr persönliches Wohl kümmern und sich vor allem für die Erhaltung der eigenen Position einsetzen«, oder: »Unternehmer sind geldgierige Menschenschänder ohne soziales Gewissen«. Die Kryptonormen legen fest, was man im entsprechenden sozialen Kreis von bestimmten Personen- und Berufsgruppen zu halten hat. Kryptonormen verhindern, dass wir über unseren Zaun hinausschauen. Da wir von den sozialen und beruflichen Kreisen, denen wir angehören, akzeptiert werden wollen, richten wir uns (unbewusst) nach ihnen. Um den Gruppenausschluss zu verhindern, fügen wir uns prophylaktisch den Dogmen, für die sich unsere Bezugsgruppe oder unser sozialer Kreis entschieden hat.

Kryptonormen definieren oft die politische Einstellung. »Sozialismus ist keine Frage der politischen Haltung, sondern der Intelligenz!« Als eine junge Frau gegen diese Einheitsmeinung argumentieren und auf die Schwachpunkte des sozialistischen Systems hinweisen will, wird ihr Rechtsextremismus unterstellt. Sie hat sich durch ihre abweichende politische Sichtweise leicht skandaliert.

Kryptonormen schreiben vor, welche Auffassungen zulässig sind. Sie werden zu Mächten, die auch unser Denken beeinflussen. Bestimmte Themen dürfen nicht einmal angedacht werden. In einem Lehrerteam wurde Elternkritik als »niveauloses Poltern« abgetan. »Eltern und Schüler können den Unterricht gar nicht beurteilen!«, diktierte das Dogma. In einem anderen Kreis wurde der soziale Dünkel, der die Gruppe auszeichnete, ausgeblendet. Die Frage, *warum* man sich zur Elite zählte, durfte gar nicht gestellt werden.

Kryptonormen drohen auch den Fluss der inneren Fantasien zu bremsen und neue Ideen zu verhindern. Zeichnet sich eine Familie, eine Partei oder ein sozialer Kreis durch zu viele Kryptonormen aus, dann wird dort nicht spielerisch über das Leben nachgedacht und nicht mit Ideen experimentiert. Bewährtes steht vielmehr im Zentrum. Nicht realisiert wird dabei, dass man so in der Isolation erstarrt und vielleicht den Anschluss an aktuelle Entwicklungen verpasst.

Mehrmals forderte die Eidgenössische Bankenkommission die führenden Schweizer Banken auf, nach etwaigen Konten von KZ-Opfern zu forschen. Nicht nötig, war die beruhigende Antwort der Banken. Der Aufwand wäre viel zu groß und die Wahrscheinlichkeit, größere Beträge zu finden, zu klein, erwiderten die Banken. Der Denkhorizont der Bankkreise verhinderte, die politische Brisanz des Themas überhaupt zu ahnen. Statt über mögliche alternative Entwicklungen nachzudenken und psychologische Gesichtspunkte mit einzubeziehen, blieb man bei ökonomischen und organisatorischen Fragestellungen.

Nach dem Skandal um die Holocaust-Gelder begann langsam ein Umdenken. Die heftigen Beschuldigungen setzten die Banken unter Handlungsdruck.

Der Zwiespalt der Moral

Menschliche Gemeinschaften profilieren sich nicht nur durch Rituale, Anstand und Kryptonormen, sondern sind auch fähig zu *moralischen Vorstellungen.* Sie entwickeln Ideen über die Grenzen akzeptablen Verhaltens und definieren, welche Taten, Worte und Verhaltensweisen verwerflich sind. Bei vielen Handlungen besteht ein breiter gesellschaftlicher Konsens: Mord, Totschlag oder Betrug werden von allen sozialen Kreisen und Gesellschaften abgelehnt. Jemanden zu töten oder Gewalt anzuwenden, wird nur in außerordentlichen Situationen toleriert: im Krieg,[3] als Mittel zur Selbstverteidigung oder bei der Durchsetzung staatlich definierter Ziele. Der Verhaltenskodex bezüglich Gewalt und Betrug ist für die Mitglieder der Gesellschaft verbindlich. Die entsprechenden Handlungen werden als Tatbestände vom Gesetz erfasst und von den staatlichen Organen geahndet.

Nicht überall besteht jedoch ein solcher Grundkonsens. Bei anderen Themen gibt es unterschiedliche Auffassungen. Der jeweilige soziale Kreis definiert, was zulässig und inakzeptabel ist. Während eine Jugendclique den gelegentlichen Cannabiskonsum als Beweis einer progressiven Lebenshaltung betrachten mag, sieht ein großstädtischer Elternverein darin einen Sittenverfall. Was in einem Kreis als Vorstoß empfunden wird, gilt in einem anderen als kleiner Übergriff. Da wir in einer vielschichtigen Gesellschaft leben, besteht bei vielen ethisch-moralischen Fragen keine Grundübereinstimmung. Oft schließen sich die moralischen Vorstellungen verschiedener sozialer Kreise sogar gegenseitig aus: »Geheime« Konten zu führen, gilt in bestimmten Kreisen vielleicht als Notwendigkeit. Ohne versteckte Gelder kann man nicht politisch arbeiten und Einfluss ausüben, ist die heimliche Abmachung.

Viele Handlungen liegen in einer moralischen Grauzone: Wie wird ein Seitensprung bewertet? Eine Unterschlagung bei der Steuerbehörde? Bisexualität? Ein Selbstmord? Was in einem sozialen Kreis akzeptiert ist, wird in einem anderen abgelehnt. Unsere Moral besteht nicht aus unumstößlichen Leitsätzen, sondern spiegelt immer auch die Denkkategorien der Gemeinschaften wider, in die wir hineinwachsen und denen wir angehören. »Das geht einfach nicht, dass der Freund der 16-jährigen Tochter bei uns zu Hause übernachtet«, empört sich eine Mutter, während Nachbarn finden, dass die Tochter selber entscheiden sollte.

Im öffentlichen Bereich erfolgt die moralische Diskussion durch neue kulturelle und technische Herausforderungen. Gegensätzliche moralische Positionen prallen aufeinander. Beim Internet muss beispielsweise verhindert werden, dass die Benutzer unzulässige, pornografische, extremistische Bilder und Informationen anklicken können. Der »Durchschnittsbenutzer« muss vor der Flut schädlicher Information geschützt werden, lautet der moralische Imperativ. Bereits die Betrachtung entsprechender Bilder gilt als amoralischer Akt. Die gegensätzliche Position lautet, dass der Internetbenutzer kein verführbares Subjekt ist, sondern fähig zum Eigenurteil. Erforderlich sind demnach keine öffentlichen moralischen Instanzen, geboten ist vielmehr Vertrauen in das Individuum. Der »Durchschnittsbenutzer« braucht keinen technischen Schutz, sondern will als moralisch sensibler Bürger verstanden werden. Gemäß dieser Auffassung ist eine Zensurbehörde, die elektronischen Schmutz definiert, überflüssig.

Lebhafte Diskussionen entzünden sich bei Themen, bei denen *Scheinheiligkeit* eine Rolle spielt. Jeder ist für den Schutz der Umwelt und der Natur, doch selber scheut man sich nicht, aus Bequemlichkeit den eigenen Wagen zu benutzen. Der Genforschung gegenüber sind wir skeptisch, doch gleichzeitig pochen wir auf die beste medizinische Behandlung, wenn wir krank werden oder einen Unfall erleiden. Gegen den zunehmenden Energieverbrauch laufen wird Sturm, doch suchen wir trotzdem eine größere Wohnung oder kaufen einen zweiten PC. Die deklarierten Werte widersprechen den gelebten Verhaltensweisen. Die Diskrepanz zwischen den Verbaldeklarationen und unseren lebenspraktischen Entscheidungen liefern immer wieder Anlass für moralische Diskussionen und Material für Skandale.

Moralische Vorstellungen sind eine versteckte Referenz an die Sozialpathologien des Menschen. Die Moral gibt dem Menschen eine Krücke, damit er sich in einem System bewegen kann, ohne dass es zu Zerwürfnissen, Zwietracht oder Streitigkeiten kommt. Sie ist die Antwort der Kultur auf die Unvollkommenheit des Menschen und kann uns helfen, uns in der Familie, dem Freundeskreis oder der eigenen Kultur sicher zu bewegen und wohl zu fühlen. Die Gefahr der mit ihr verbundenen Verhaltensrichtlinien ist jedoch, dass sie einengen. Sie zwingen den einzelnen Menschen in ein soziales Korsett und machen es ihm schwer, andersartige Bedürfnisse, Ideen und Lebensvorstellungen zu realisieren. Ohne Moral gibt es für eine Gemeinschaft kein Überleben, doch zu viel Moral erdrückt Kreativität und verhindert die Suche nach anderen Lösungen und eigenständigen Lebensentwürfen.

Der Schatten der Toleranz: Heimliche Sanktionen

Im Zeitalter der Toleranz, des Teamgeistes und des Glaubens an die Kommunikation sind offene Maßreglungen verpönt. Soll ein Gruppenmitglied an die Kryptonormen erinnert werden, werden versteckte Sanktionen eingesetzt. Ausgrenzungen erfolgen still und ohne dass die Gruppenmitglieder sich dessen bewusst sind. Die Gruppe wehrt die für sie bestehende Gefahr ab, indem sie mobbt. Die Mitglieder der Gruppe realisieren nicht, dass dabei eine subtile Disziplinierunsgsmethode eingesetzt wird. Ein Beispiel:

Leer! Vergeblich drückt die Sozialarbeiterin den oberen Knopf der Thermosflasche. Außer einem ziehenden Geräusch keine Reaktion. Auf den Kaffee muss sie heute Morgen verzichten. Ihre Kolleginnen und Kollegen waren schneller. Ihr Blick gleitet in den Pausenraum. Sie sieht alle ihre Teamkollegen vor einer warmen Tasse Kaffee oder Tee sitzen, viele in einem angeregten Gespräch vertieft. Die Frau fühlt sich düpiert: Man hat sie offensichtlich vergessen. Als ein Kollege ihre Betroffenheit bemerkt, folgen Entschuldigungen und vergebliche Bemühungen um eine Tasse Kaffee. Ein unbedeutender Vorfall – er vermittelte der Sozialarbeiterin jedoch eine Botschaft. Obwohl alle Beteiligten dies abstreiten würden, hat das Team der Frau mitgeteilt: Etwas an dir passt uns nicht! Der Hintergrund: Sie hatte gewagt, das eiserne Paradigma »Wir sind alle gleich kompetent und wichtig« zu hinterfragen. Bei einer Teamsitzung hatte sie vorgeschlagen, individuelle Profile von den Einsatzgebieten zu erstellen. Nicht jeder im Team könne Krisenmanager, Therapeut, Kriseninterventionsspezialist und Schulentwickler gleichzeitig sein. Mit ihrer Forderung hatte sie das Gleichheitsdogma der Gruppe hinterfragt.

Die Einsatzmittel sind subtil: Kleine Unterlassungen und scheinbar »zufällige« Fehlhandlungen geben dem Betreffenden zu verstehen, welches seine oder ihre Position in der Gruppe oder Gemeinschaft ist. Aus »Versehen« wird der Name eines Kollegen nicht auf den Verteiler eines internen Berichts gesetzt oder im Gespräch werden die Bemerkungen eines Kollegen diskret übergangen. Im täglichen Umgang gibt es Tausende von versteckten Sanktionen: Man wird nicht vorgestellt, andere sprechen über ein Ereignis, bei dem man selbst nicht dabei war, oder es werden gezielt humorige Plattitüden eingesetzt, um ein heikles Thema vom Tisch zu wischen.

Jede Gemeinschaft und jeder soziale Kreis hat ihre Mittel, um ihre Verhaltens- und Denkcodes durchzusetzen. Das System verteidigt seine Verhaltensrichtlinien und moralischen Leitsätze unter sorgfältiger Berücksichtigung der jeweiligen Selbstbilder. Oft wird verbal nachgeholfen, damit ein Teammitglied linientreu denkt und handelt: »Du weißt, wir sind ja sehr tolerant, doch hier geht es um etwas anderes.« Solche Sanktionen sind internalisiert. Die Gruppenmitglieder reagieren sofort, wenn Rituale, Tabus und Kryptonormen verletzt werden. Wer sich trotz Warnzeichen und versteckter Maßregelungen nicht fügt, droht sich zu skandalieren.

Der persönliche Skandal als Rebellion

Wenn wir uns skandalieren, fordern wir eine Kryptonorm heraus, verstoßen gegen einen moralischen Grundsatz, hinterfragen ein Paradigma oder missachten ein Ritual. Beim persönlichen Skandal werden die Fesseln der Moral gesprengt. Die Skandalierer setzen sich über die Verhaltensrichtlinien ihres sozialen Kreises, ihrer Gruppe, Familie oder Kultur hinweg. Aus innerem Druck, eine Idee, eine Fantasie, einen Wunsch, eine Sehnsucht oder ein Bedürfnis zu realisieren, verzichten sie auf den Schutz der Normalität. Skandalierer konfrontieren sich mit den sozialen Codes, mit denen sie sich identifizieren, indem sie sich für das Unkonventionelle, Anstößige, Bizarre, Abwegige, Anormale oder Verbotene entscheiden. Der Skandalierer setzt sich über eine Richtlinie hinweg, die von seiner Bezugsgruppe oder Kultur definiert wurde.

Er löst durch sein Verhalten Emotionen aus. Man ist aufgebracht, erstaunt oder neugierig. Skandale definieren sich durch den Ärger, den sie provozieren. Die Kluft zwischen den Erwartungen an eine Person und dessen tatsächlichen Handlungen irritiert oder ruft Empörung hervor. Der Skandalierer wird mit Persönlichkeitseigenschaften oder Verhaltensformen assoziiert, die aus moralischen oder kulturellen Gründen abgelehnt werden. Er setzt sich über einen Wert der Gemeinschaft hinweg. Hierzu wieder ein Beispiel:

»Da fährt ja einer Porsche!« Die Psychologengruppe traute ihren Augen nicht, als ein Kollege in einem schicken Sportwagen vorfuhr. Galt nicht das ungeschriebene Gesetz, dass man schnelle Autos ablehnt? Während ein scheppernder Volkswagen oder ein günstiger Japaner knapp als notwendiger Fahruntersatz toleriert wurde, waren hochtourige Sportwagen Inbegriff der Dekadenz und eine Ohrfeige für jeden naturliebenden Mitmenschen. Als nun ein Mitarbeiter in einem blauen Porsche zu einer Sitzung erschien, reagierten seine Kollegen und Kolleginnen mit blankem Entsetzen. Ein Psychologe in einem Porsche – das widersprach fundamental dem Gruppencode. Während der Zusammenkunft verhielten sich seine Kollegen ihm gegenüber reserviert und wortkarg. Er hatte einen kleinen persönlichen Skandal gewagt.

Der Skandalierer kann bewusst gegen eine Norm verstoßen oder aber von seinen Emotionen getrieben werden. Ein Züricher Beamter täuschte seine Vorgesetzten willentlich, indem er Lizenzen, ein Restaurant zu führen, nur jenen erteilte, die bereit waren, bei ihm Bilder seines Vaters zu kaufen. Er entzog sich einer Strafe, indem er rechtzeitig in sein Anwesen in der Toskana flüchtete. Unglücklicher ging der persönliche Skandal der zierlichen Lehrerin Mary Joe im amerikanischen Bundesstaat Washington aus. Sie verliebte sich in einen 14-jährigen Schüler und wurde von ihm schwanger. Als der Skandal aufflog, wurde ihr jeder Kontakt mit dem Jungen verboten. Sie trafen sich trotzdem weiterhin und wurden in einem Auto ertappt. Die Folge:

eine mehrjährige Gefängnisstrafe. Ihr Verhältnis zu dem Schüler war sicher keine kühle Berechnung, sondern sie ließ sich von ihren Emotionen leiten. Sie war verliebt.

Skandale gibt es auf verschiedenen Ebenen. Während beim öffentlichen Skandal gegen eine gesellschaftliche Norm verstoßen wird, zielt der persönliche Skandal auf die Ehre im privaten oder beruflichen Umfeld. Der Skandalierer wird hier nicht zu einem Medienthema. Die Reaktionen der unmittelbaren Bezugspersonen gleichen jedoch der Dynamik öffentlicher Skandale, wie ich sie im Kapitel »Der Skandal als gesellschaftliches Phänomen« beschreibe. In beiden Fällen verstößt der Skandalierer gegen eine Richtlinie, ein Paradigma, das in seinem sozialen Kreis gilt. Wie diese Norm aussieht, bestimmt die Bezugsgruppe. In einer Gruppe provoziert man ein Skandälchen, wenn man am Tisch rülpst, eine andere Gruppe spricht von Skandal, wenn sich ein Mitglied als Haider-Sympathisant bekennt.

Ein Beispiel für einen Skandal, der sowohl als öffentlicher als auch persönlicher Skandal gewertet werden kann und der auf der Missachtung bestehender Normen und Rituale beruht, ist das folgende:

Bei der Eröffnung des Grimselstauwerks in den Schweizer Alpen skandalierte sich der Bildhauer der oberhalb des Damms angebrachten Skulpturen. Ingenieure, Politiker und geladene Gäste hörten sich die Lobpreisungen auf die Technik, die Reden der Politiker und die Anekdoten der Ingenieure an. Die Sonne schien, der Weißwein und der endlose Redereigen machten dem Künstler und anderen Zuhörer schwer zu schaffen. Als der Bildhauer schließlich aufgefordert wurde, seine Ansprache zu halten, stellte er sich vor das Podest, blickte die Zuhörerschaft an und meinte lakonisch: »Einen Brunnen habe ich bereits gemacht, nun folgt der zweite.« Er drehte sich um und erleichterte sich vor der staunenden, teilweise hochkarätigen Gästeschar. Sein Verhalten wurde zum Thema der Woche.

Die Personifizierung des Moralverstoßes

Skandale werden personifiziert. Eine Hauskatze, ein Computer oder eine Kaffeemaschine können sich nicht skandalieren. Skandale drehen sich um menschliche Schwächen. Personen stehen im Vordergrund. Das Rentenkassendebakel in der Schweiz entwickelte sich auch darum nicht zu einem echten Skandal, weil es nicht mit einer Person assoziiert wurde. Zahlen alleine lösen keine Emotionen aus.

Wenn wir durch einen Skandal aufgeschreckt werden, setzen wir uns mit dem Skandalierer auseinander. Die Öffentlichkeit oder der betreffende soziale Kreis sucht nach Worten, um das Persönlichkeitsprofil des Skandalierers zu erfassen. Attribute werden erfunden. Beim Skandal der Berner Kantonalbank sprach man vom »Finanzjongleur« Werner K. Ray, beim Lewinsky-Skandal in den USA vom »doppelzüngigen« Bill Clinton oder beim deutschen Spendenskandal vom uneinsichtigen »Patriarchen« Helmut Kohl. Auch im privaten Rahmen werden entsprechende Diagnosen gestellt. Eine Nachbarin gilt als »feministische Schlampe«, nachdem sie ihren Mann wegen einer neuen Freundin verlassen hat, einem 44-jährigen Journalisten wird ein »spätpubertärer Anfall« unterschoben, als er während der Redaktionssitzung glaubt, dem Chefredakteur seine »wahre Meinung« über das Niveau der Zeitschrift mitteilen zu müssen.

Der Skandal sorgt für eine kleine Psychoanalyse eines Mitmenschen. Man beginnt sich mit der Seele der betreffenden Person zu befassen. Der Skandalierer wird nicht nur als Rollenträger wahrgenommen, sondern wir erkennen ihn auch als einen Menschen mit inneren Widersprüchen und verborgenen Motiven. Aufregungen und Diskussionen sind die Folge, da Skandale Menschen entblößen: Wie, um Himmels willen, kommt diese Frau dazu, ihren Freund plötzlich als Bräutigam abzulehnen? Wieso erscheint meine Kollegin zu einem formellen Abendessen einfach nur in Jeans? Durch den Skandal werden wir daran erinnert, dass Menschen Wesen aus Fleisch und Blut sind, die sich weder durch Normen, eine Moralvorstellung oder ein ausgeklügeltes Ritualsystem restlos gleichschalten lassen.

Skandale beleben uns

Skandale lösen Aufregung aus. Wir sind entrüstet, empört und werden von Emotionen überschwemmt. Diese Entrüstung ist wichtig und hat einen tieferen Sinn.

Skandale fördern das Gemeinschaftsgefühl. Dank personifizierter Normverletzungen oder moralischer Übergriffe erleben wir uns als Mitglied einer Gemeinschaft, Clique, Kultur oder Gesellschaft. Skandale führen uns zusammen, da wir Emotionen teilen und gemeinsam moralische Positionen beziehen. Die zwischenmenschliche Kommunikation wird erleichtert, wenn man sich verbündet auf ein Thema einlassen kann. Dank Skandalen können wir miteinander kommunizieren, auch wenn der andere uns eigentlich fremd und unsympathisch ist[4]. Dank Skandalen ist gemeinsames Lästern möglich. Da sich der Skandalierer durch sein Verhalten in den Augen des betreffenden Kreises wirklich »unmöglich« gemacht oder zumindest Kontroversen ausgelöst hat, dürfen wir getrost über ihn oder sie herziehen. Diskussionen sind erlaubt. An Festlichkeiten, beim Abendessen, im Restaurant, bei zufälligen Begegnungen oder sogar im öffentlichen Bereich lockert sich die Zunge, wenn ein Skandal die Runde macht. Ohne Skandale gäbe es im Schweizer Fernsehen keinen »Dienstagsclub«, in Deutschland kein »Talk im Turm« und sicher weniger Witze. Eine Gemeinschaft ohne Skandale ist eine tote Kultur.

1972 besuchte ich eine Familie im Norden der USA. Der Abend war ganz nett, doch letztlich langweilig. Die halbwüchsigen Kinder und die Eltern waren mit diversen Beschäftigungen eingedeckt: Eine Fernsehserie, der Indian Pudding für die Wohltätigkeitsveranstaltung eines lokalen Klubs, ein dringendes Telefonat und der defekte Rasenmäher erforderten ihre volle Aufmerksamkeit. Niemand konnte sich auf ein richtiges Gespräch einlassen.

Zwei Jahre später besuchte ich die gleiche Familie. Meine Erwartungen in Bezug auf geistigen Austausch waren eher bescheiden. Zu meiner Überraschung kam jedoch alles anders. Ich wurde Zeuge eines lebhaften, interessanten Gesprächs. Niemand hatte sich wirklich verändert, doch zufällig fiel mein Besuch mit dem Höhepunkt der Watergate-Affäre zusammen. Der damalige amerikanische Präsident Richard Nixon wurde der Lüge bezichtigt. Die Diskussion an diesem Abend war heftig und breit. Debattiert wurde über die Grundwerte der amerikanischen Gesellschaft, die Einwirkung von Macht auf die Persönlichkeit, Vietnam und einiges mehr. Die Familienmitglieder besaßen diesmal deutlich mehr Sitzfleisch und beteiligten sich alle aktiv am Gespräch. Ich bin Nixon heute noch dankbar dafür, dass er stimulierend auf diesen Abend eingewirkt hat.

Unsere Bezugsgruppe definiert das Denken

Wir überschätzen unsere Möglichkeiten, wenn wir unser Verhalten und unsere Gedanken ausschließlich als Ausdruck unserer Persönlichkeit verstehen. Auch wenn wir uns subjektiv als eigenständige Individuen wahrnehmen, korrespondieren unsere Taten und Ideen immer auch mit den Bezugsgruppen, denen wir angehören. Ich schwärme vom Snowboarden oder schwarzen Kleidern, weil die Kultur uns diese Phänomene vorgibt. Wir selber haben jedoch das Gefühl, eine persönliche Wahl zu treffen. Wir realisieren nicht, dass unsere Kollegen und Kolleginnen, unsere Familie und Freunde bei diesen Überlegungen mitreden.

Das soziale Gewebe, dem wir angehören, formt unser Denken. Der grandiose einsame Alleinentscheid entpuppt sich bei genauerem Hinsehen oft als versteckte Folge eines allgemeinen Trends. Als Herr Ospel und Herr Cabiallavetta sich dazu entschlossen, die Schweizerische Bankgesellschaft mit dem Schweizerischen Bankverein zu fusionieren, gehorchten sie dem Zeittrend, der zuvor schon andere Unternehmen erfasst hatte. Fusionen waren gerade angesagt.

Es gibt jedoch auch Fantasien und Denkinhalte, für die unsere Bezugsgruppe keine Regelvorgaben und keine Sprache hat. Wenn zum Beispiel eine kämpferisch auftretende emanzipierte Frau insgeheim von einer romantischen Liebesbeziehung träumt, gerät sie in einen ernsthaften Konflikt, weil in ihrer Bezugsgruppe solche Gedanken tabu sind. Dies lässt uns ahnen, dass es Emotionen und Fantasien gibt, die uns zumindest aus dem alltäglichen Leben unbekannt sind. Die heftigen Reaktionen bei der Frau deuten an, dass hier Themen angesprochen werden, die ihre entsprechende Bezugsgruppe verdrängt.

Wer einen bestimmten sozialen Kontext verlässt, kann Skandale verursachen. Sie sprengen das Korsett aus Regeln, Normen und Ritualen, denen man sich sonst fügt. Aus der Perspektive der Gemeinschaft sind sie wie Vulkanausbrüche: Energien, die in der Tiefe schlummern, werden an die Oberfläche geschleudert, wo sie alles durcheinander bringen. Der Skandal ruft in Erinnerung, dass wir als Menschen unberechenbar sind und Kräfte aus tieferen seelischen Schichten unsere Pläne durchkreuzen können. Der Skandalierer durchbricht innerliche Abgrenzungen und wagt sich an tiefere oder von seiner Bezugsgruppe ausgegrenzte Fantasien heran.

Skandale brauchen Bilder

Damit ein Normverstoß oder Tabubruch sich zu einem Skandal ausweitet, muss er *inszeniert* werden. Nur wenn der Fehltritt dramatisch dargestellt wird, nimmt die Umgebung ihn wahr. Emotionen wollen angesprochen und Komplexe berührt werden. Die Bilder, mit denen ein Fehlverhalten assoziiert wird, entscheiden über die Auswirkung des Norm- oder Regelverstoßes. Ein Skandal ist nur möglich, wenn das Fehlverhalten sich in einprägsamen Bildern präsentiert und sich zu einem Narrativ, einer nachvollziehbaren Erzählung, gestalten lässt.

Die meisten Verhaltensweisen sind dazu ungeeignet. Lediglich ein Bruchteil aller Fehlverhalten eignet sich für einen Skandal. Die Umgebung reagiert einfach nicht. Es wurde kein brisantes Thema oder kein brisanter Komplex angesprochen. Wenn eine Frau wegen eines Schleudertraumas Versicherungsleistungen beansprucht, obwohl die körperlichen Beschwerden schon vor dem leichten Auffahrtsunfall auftraten, dann wird dieses Verhalten kaum als Skandal wahrgenommen. Die Materie lässt sich nicht dramatisch verarbeiten und bildhaft darstellen. Das Opfer als Täter ist keine gute Story. Das Verhalten der Frau löst keine Empörung aus, weil Versicherungen als große, unpersönliche Moloche gelten. Es fehlen Bilder, durch die das Fehlverhalten sich uns einprägt und unsere Gefühle anspricht. Skandale leben von den Projektionen, die in uns ausgelöst werden. Skandalierer rühren Themen an, die bereits in uns schlummern, die wir verdrängen oder nicht wahrhaben wollen, Themen, die für uns hoch sensibel sind.

Sexualität eignet sich gut für Skandale. Das Thema Sex emotionalisiert und wird mit persönlichen Bildern assoziiert. Jeder Mensch hat sexuelle Fantasien, die ihn faszinieren, irritieren, begeistern, ekeln oder peinlich berühren. Sexualität lässt uns nicht kalt. Weil wir sexuelle Wesen sind, unterstellen wir gerne anderen Menschen lüsterne Absichten, Geilheit oder intrigantes Verhalten. Sehen wir eine Arbeitskollegin mit einem fremden Mann in einem Café flirten, hegen wir sofort Verdacht – wo hat sie ihren Ehemann gelassen? Hat die beste Freundin diese Frau ebenfalls mit diesem Mann gesehen, dann ist der Beweis erbracht!

Da wir alle auch in einer privaten erotischen Bilderwelt leben, projizieren wir gerne eigene Lust, Träume und Sehnsüchte auf Mitmenschen. Was uns innerlich umtreibt, kreiden wir den Nachbarn, den Arbeitskollegen, der Freundin, dem Schwager oder der Jugend an. »Wahllos haben sich die Mädchen ihren Klassenkollegen hingegeben«, weiß ein Oberstufenlehrer zu berichten und erwartet, dass ich empört reagiere. In der Stimme des biederen Familienvaters höre ich jedoch eine leise Faszination für das hedonistische Treiben der Jungen heraus.

Geld ist ein weiteres Thema, das für Skandale prädestiniert ist. Bei der überwiegenden Mehrzahl der Erdenbürger sind die finanziellen Wünsche größer als die tatsächlichen Möglichkeiten. Bei der Lohnabrechnung oder beim Lesen von Klatschzeitschriften über das Leben der Prominenz denken wir oft, dass uns eigentlich mehr zusteht, als die Lohntüte enthält oder das Gehaltskonto angibt. In teuren Restaurants speisen, exotische Länder bereisen, schöne Frauen bezirzen, dem Dolcefarniente nachleben, das Haus am Meer pflegen und den mondänen Jaguar ausfahren gehören doch zu den Basisrechten, die uns allen zustehen! Da unsere Mitmenschen diese Einschätzung von unseren legitimen Bedürfnissen nicht teilen und das Schicksal nicht jeden zum Millionär macht, verharren wir weiterhin demütig in einer Dreizimmerwohnung, machen Ferien im Schwarzwald und putzen unseren Volkswagen. Unsere pekuniären Wünsche verbergend, richten wir uns nach dem Leben, das unsere Schicht, unser Stand oder unser sozialer Kreis uns ermöglicht. Geld bleibt jedoch ein Thema, das mit Fantasien besetzt ist. Oft braucht es nicht viel, bis sie nach außen transportiert werden.

Jeder soziale Kreis kennt genaue Normen, wie man mit dem Geld umzugehen hat und wo und wie man es ausgibt. Abweichungen lösen zuerst Stirnrunzeln und Skepsis aus. Kauft der Nachbar plötzlich einen Range Rover und verreist er mit seiner Familie bereits zum dritten Mal nach Asien oder Südamerika, dann werden wir hellhörig. Da stimmt doch etwas nicht! Sein Geldfluss passt nicht mit der wahrgenommenen finanziellen Potenz überein. Von Neid getrieben beginnen wir zu schnüffeln oder gar zu spionieren. Wo hat der Herr Buchhalter all das Geld her? Wie kann sich seine Frau dieses Appartement leisten? Liefern uns die »Nachforschungen« keine plausible Erklärung, dann wird fantasiert. Das geht so weit, dass Vorstellungen von dunklen Machenschaften und Betrügereien aufkommen und wir nach Unregelmäßigkeiten suchen.

Neben Sex und Geld gibt es noch weitere Themen, die sich dank unseres reichen inneren Bildmaterials gut mit Skandalen in Verbindung bringen lassen: *Macht, Gewalt* und *Erziehung.* Viele andere Normverstöße oder Fehltritte lassen sich jedoch schwer skandalieren. Handelt es sich nicht um ein sensibles Thema, dann nützt auch der größte propagandistische Aufwand nichts. Wenn die Kirche kein aktuelles Thema ist, dann könnte der Papst als Homosexueller verdächtigt werden – und niemand würde sich daran stören.

Menschliches Fehlverhalten und Normverstöße decken sich nicht mit den Skandalen, die uns beschäftigen. Der größte Teil des Fehlverhaltens ist zu kompliziert, schwer erfassbar und kann nicht psychologisch ausgebeutet werden. »Sex im Bundestag?« würde sich als Skandalthema viel mehr eignen als die Nachricht, dass ein Bundesrat einen Diplomaten mit unklaren Anweisungen nach Namibia schickte, damit er sich anschließend mit seinem Bericht nur blamieren und man ihn daraufhin absetzen konnte. Seine Geschichte enthält kein Skandalmaterial. Sowohl private wie auch öffentliche Skandale wollen in einer bildhaften, eindringlichen Sprache präsentiert werden und die Leute fesseln.

Die Kunst der Selbsttäuschung

»Ich weiß, auch ich habe problematische Seiten: Meine Schwäche ist meine Großzügigkeit!«, reflektiert ein 30-jähriger Musiker. Als Beweis seiner Generosität schildert er eine Zusammenkunft mit Kollegen, wo er spontan alle Drinks bezahlt hat. Er erwähnt aber nicht, dass zuvor drei Runden von anderen Kollegen bezahlt wurden.

Sich ein *objektives Bild* über sich selbst zu machen, ist fast nicht möglich. Auch bei eingehender persönlicher Prüfung entzieht sich uns ein Teil unserer Persönlichkeit. Natürlich entwerfen wir ein Bild von unseren Stärken, Schwächen und Begrenzungen, doch bei gesundem Selbstvertrauen sind die Farben zu grell und der Hintergrund zu rosig gewählt. Das Gegenteil dazu wäre, dass wir zu depressiver Verstimmung neigen oder zu zwanghafter Selbstkritik. In beiden Fällen sind unsere Selbstanalysen einseitig. Kritisch wird es vor allem bei Eigenarten, die negativ bewertet werden. Wenn Mitmenschen uns problematische Eigenschaften zuschreiben, handelt es sich aus unserer Sicht um ein Kommunikationsproblem, ein Missverständnis oder vielleicht um eine Projektion. Es fällt uns schwer, Eigenschaften, die im dunklen Bereich unserer Persönlichkeit liegen, an uns selber zu erkennen. Charakterzüge, die uns selbst peinlich sind, blenden wir lieber aus.

»Mein Problem ist mein Perfektionismus!«, gesteht ein 42-jähriger Mann in einer Selbsterfahrungsgruppe. Die anderen Teilnehmer nicken verständnisvoll und die Therapeutin setzt ihren fürsorglichen Blick auf. Er wird von allen beglückwünscht, weil er eine persönliche Schwäche zugibt. Sind seine Worte jedoch wirklich das Resultat einer gründlichen Selbstanalyse oder nicht vielmehr simpler »Psycho-Kitsch«?[5] Steht das Ringen mit einem tiefgründigen Inhalt der Seele im Vordergrund oder bedient er sich eines gängigen Jargons, um akzeptiert zu werden? Heute »gibt man sich« ja reflektiert, mimt Sensibilität. Der Mann bedient sich einer verbalen Floskel, dank derer er zwei Fliegen mit einer Klappe schlägt. Er signalisiert, dass es sich bei ihm um einen einsichtigen Mann handelt, der über sich selbst nachdenken kann. Gleichzeitig gelingt es ihm, sich schmeichelhaft darzustellen. Gegen Perfektionismus hat man nichts Grundsätzliches einzuwenden. Sein Statement ist ehrlich gemeint, doch ob es sich *tatsächlich* um eine problematische Persönlichkeitseigenschaft handelt, wird nicht klar.

Wir vergessen unsere Widrigkeiten, unsere anarchischen Triebe, unsere bizarren Wünsche oder unsere neurotischen Impulse, weil wir die Stabilität unserer Person erhalten und mit uns selber leben müssen. Da verschiedene Persönlichkeitsteile in uns leben, konzentrieren wir uns auf jene Qualitäten, die mit unserem Selbstbild übereinstimmen. Was uns unangenehm ist, schieben wir natürlicherweise still zur Seite. Unsere Eigenwahrnehmung bleibt selektiv.[6] Wir nehmen uns darum immer sehr einseitig wahr. »In unserem Gedächtnis werden Niederlagen zu Siegen, Missetaten zu Wohltaten, Angriffe zu Notwehrreaktionen, Verrat zu Moral, Egoismus zu Liebe. Unsere Psyche besteht aus Labyrinthen und Katakomben des Verhüllens und Verdrehens.«[7]

Skandale bringen Eigenschaften und Themen an die Oberfläche, die wir diskret übersehen. Was wir ausblenden, stellt sich ostentativ auf die Bühne. Ein 17-jähriges Mädchen wurde von einem Lehrer in eine psychiatrische Klinik gebracht: Zwei Klassenkolleginnen hatten sie im letzten Moment ergreifen können, als sie versuchte, von einer Brücke zu springen. Verwirrt saß das Mädchen im Sprechzimmer der Psychiaterin. »Auf keinen Fall die Eltern benachrichtigen!«, flehte sie die Ärztin an. Als diese sie ultimativ aufforderte, ihre Eltern zu verständigen, nahm das Mädchen den Telefonhörer und teilte ihrer Mutter in knappen Worten das Vorkommnis und ihre Befindlichkeit mit. Sie löste einen Familienskandal aus. Wie konnte dieses aufgeschlossene, ruhige und ausgeglichene Mädchen ihr Leben beenden wollen? Ihr Selbstmordversuch rückte eine Persönlichkeitseigenschaft in den Vordergrund, die niemand vermutet hätte. Er brachte ein Thema an den Tag, über das nicht diskutiert wurde. Die Suizidalität gehörte zum Schatten des Mädchens.

Die Auseinandersetzung mit Schattenthemen

Unter *Schatten* verstehen wir jenen Teil unserer Persönlichkeit, den wir nicht wahrhaben wollen. Da sie uns zu peinlich sind, wollen wir Schatteninhalte diskret in der Tiefe der eigenen Seele versteckt halten. Meist handelt es sich um anarchische Impulse mit hoher Potenz, die mit viel Schamgefühlen besetzt sind:[8] Sexualität, Geldgier, Eifersucht, Macht, Aggression, Homosexualität, Rassismus, jedoch auch Depression, religiöse Empfindungen, Sinnlosigkeitsgefühle und Ängste. Verfügen wir über ein intaktes Selbstwertgefühl, dann verbergen wir die entsprechenden Persönlichkeitseigenschaften, Motive, Träume, Wünsche und Fantasien. Sie widersprechen unserem bewussten Standpunkt, unserem Lebensplan, dem sozialen Code und der Moral. Wir wollen unseren dunklen Bruder oder unsere schwierige Schwester nicht akzeptieren, weil die Anerkennung dieser Persönlichkeitsanteile unser Selbstbild bedroht oder unangenehme soziale oder emotionale Konsequenzen mit sich bringen könnte. Nur in seltenen Momenten, bei einer Bewusstseinstrübung durch Alkohol, Schlafmangel, Drogen oder bei großem inneren Druck dringen die Schattenthemen durch.

Der Schatten wird durch den kulturellen Code, die Kryptonormen, die Moral und die Anstandsregeln neutralisiert. Wir leben den »inneren Schweinehund« oder diese verborgenen Teile nicht aus, weil unsere Clique, Familie, unser sozialer Kreis oder unsere Kultur keinen Platz dafür hat. Dieser Selbstbeschränkung unterwerfen wir uns freiwillig, damit unser Selbstbild nicht angekratzt wird und wir einigermaßen in Frieden mit unserem Umfeld leben können. Der persönliche Skandal stellt jedoch die eigene Selbstdefinition in Frage. Wir werden mit einem Mr. Hyde konfrontiert, der uns zur Auseinandersetzung mit unangenehmen seelischen Wirklichkeiten zwingt. Der Skandal lässt uns etwas über verborgene Seeleninhalte erfahren.

Obwohl der Schatten jeden Menschen beeinflusst, er bei Entscheidungen mitspricht und auf unsere Gefühle einwirkt, ist die Reflexion über unsere unheimlichen Seiten schwierig. Der Wille, unsere verborgenen Mächte in uns zu erfassen, steht dem Bedürfnis nach einem intaktem Selbstbild, dem Respekt der Mitmenschen und der Angst, als »verrückt« zu gelten, gegenüber. Wir wollen nicht, dass diese unberechenbare Kraft, dieser Dämon unser Dasein umkrempelt.

Über Schatteninhalte lässt sich nicht einfach reden. Sie ärgern uns, beunruhigen und irritieren die Umgebung. Wenn wir uns über sie äußern, dann meist nur in stockenden Worten, mit gesenktem Kopf und erröteten Wangen. Es ist uns peinlich, wenn wir zugeben müssen, dass wir eine »schlampenhafte Seite« haben, »lügnerisch«, »betrügerisch«, »machtgierig« oder »egozentrisch« sind.

Was ein Schatteninhalt ist, spüren wir an der Reaktion der Umgebung. Tritt ein Schatteninhalt an die Oberfläche, sind unsere Mitmenschen schockiert, entsetzt oder erstaunt. Wir haben uns einem Thema genähert, das sozial nicht akzeptiert ist und darum Emotionen provoziert. Ein anarchischer Impuls stellt sich dar, etwas, das sonst keinen Platz hat im Leben: Nachts kleide ich mich in Frauenkleider und tanze vor dem Spiegel, oder ich würde viel lieber auf einer schnellen Honda mit wehenden Haaren über Passstraßen brausen, statt hier meiner langweiligen Schulleiterstelle nachzukommen.

Skandale bringen Schattenmotive zum Vorschein. Sie haben in einer Kultur die Funktion, auf die Themen und Motive aufmerksam zu machen, die wir in uns selber nicht wahrnehmen. Bei persönlichen Skandalen dringt eine Eigenschaft an die Oberfläche, die bisher unter Verschluss gehalten wurde. Der persönliche Skandal beendet die Anpassung an die Kryptonormen, die Moral oder das Denken in Zeitgeistschablonen.

Das eigene Leben als Roman

Der persönliche Roman und das Selbst

»Meine Kindheit war sehr schwierig. Meine Mutter war emotional kaum präsent. Jedes Mal, wenn ich Gefühle zeigte, reagierte sie mit kühler Ignoranz. Einmal, als wir einen Urlaub am Meer verbrachten, riss ich mich schreiend von meiner Mutter los und rannte ins Meer hinaus. Ich war entschlossen, mich zu ertränken, hatte jedoch gehofft, meine Mutter würde mir verzweifelt nachlaufen. Nichts geschah. Nach ein paar Minuten kehrte ich still und traurig zurück und traf meine Mutter in einem angeregten Gespräch mit einer Kollegin.«

Die 40-jährige Frau spricht mit leiser Stimme. Sie ist immer noch wütend auf ihre Mutter, die ihr eine große emotionale Bürde hinterlassen hat. Die Frau ist überzeugt, dass sie ohne diese Kindheitsprobleme viele ihrer aktuellen Beziehungsschwierigkeiten bewältigt hätte. Sie muss heute mit den Folgen dessen leben, was ihre Mutter ihr angetan hat.

Diese Kindheitsgeschichte ist ergreifend. Viele Eigenschaften dieser Frau werden dank dieser Hintergrundinformation verständlich. Wir begreifen ihre Angst vor Intimität, vor dem Versagen und vor Männern. Die Geschichte hat jedoch einen Haken: Sie stimmt nicht.

Ihre beiden Schwestern betonen, dass sich ihre Mutter liebevoll um alle drei Kinder gekümmert hat. Sie hat viel Zeit investiert und wollte ihren Töchter eine schöne Kindheit schenken. Ihre kleine Schwester hingegen habe sich schon als kleines Kind eigensinnig und wie eine Primadonna verhalten. Wusste sie sich nicht im Zentrum, begann sie zu schreien oder klagte über Bauch- oder Kopfschmerzen. Ihre Mutter hat es ihr nie recht machen können. Was die Frau erzählt hat, ist also kein Tatsachenbericht. Es ist trotzdem ungerecht, wenn wir sie der Lüge bezichtigen. Sie hat sich eine persönliche Version der Vergangenheit zurechtgelegt.

Unser Gedächtnis ist trügerisch. Persönliche Erinnerungen können wir nicht als bare Münze nehmen. Unser Gehirn archiviert nicht Tatsachen, sondern verzerrt, gestaltet und erweitert die abertausend visuellen, akustischen und emotionalen Eindrücke, die wir jeden Tag registrieren. Unser Gedächtnis ist nicht einfach mangelhaft, das Verändern, Vergessen und Bereichern der Eindrücke gehört vielmehr zu seinen Qualitäten. Es korrigiert und löscht mit Absicht und nach Plan.

Das Gedächtnis zimmert sich eine Version der Vergangenheit zurecht, die zum betreffenden Individuum passt. Je nach persönlichen Bedürfnissen entwirft es großartige, kümmerliche, plausible oder bizarre Geschichten. Aus dem persönlichen Erinnerungsmaterial entwickeln wir Geschichten, die unserer Seelenlandschaft entsprechen. Diese persönlichen Geschichten reflektieren Bedürfnisse, Motive und Wünsche. So spiegelt sich auch unsere Psyche in unseren Erinnerungen. Wir sind, was wir von uns erzählen.

Wir brauchen persönliche Geschichten, um uns in die Welt einzubringen. Die Vergangenheit, die wir uns geben, ist uns eine Hilfe, die eigene Psychologie zu erfassen und vielleicht sogar das persönliche Schicksal anzunehmen. Wir begründen unser persönliches Dasein mit einem speziellen privaten Roman.

»Ich lebte halt in einfachen Verhältnissen, bei mir zu Hause hieß es anpacken!«, erzählt stolz die 30-jährige Frau aus dem Rheintal. Die Vorstellung, als Mädchen vom Land in der kosmopolitischen Stadt zu leben, gibt ihr Kraft und innere Orientierung. Der persönliche Roman hilft ihr, mit sich selbst zu leben und problematische Persönlichkeitseigenschaften zu akzeptieren. Er legitimiert sie vor sich selbst. Eigenschaften, die wir an uns selber beobachten, werden mit ihm begründet: »Ich habe Angst vor dem beruflichen Einstieg, weil mein Vater mich als Kind und in der Jugend nie förderte!«, oder: »Ich habe das Gefühl, mich wehren zu müssen, weil ich unter meinen drei Geschwistern litt«.

Der persönliche Roman enthält eine versteckte Theorie über uns selbst und ermöglicht uns, mit den eigenen Begrenzungen und Talenten zu leben. Er identifiziert nicht die Ursachen unserer Begabungen und Ängste, sondern schmückt reale Erlebnisse mit eigenen inneren Bildern und Gefühlen aus. Wenn wir den persönlichen Roman entwickeln, greifen wir auf Erinnerungen zurück, um sie zu einer erfassbaren Einheit verschmelzen zu lassen. Das Chaos der Eindrücke und die persönlichen Schwächen und Stärken werden in ein Drama integriert. Damit wir unsere persönliche Geschichte entwickeln, brauchen wir jedoch Kernereignisse: Vorfälle, die uns existenziell herausfordern, ängstigen oder einfach als etwas ganz Besonderes in Erinnerung bleiben.

Die Notwendigkeit außergewöhnlicher Ereignisse

»Meine Eltern waren empört! Der Dorfpfarrer und der Schulvorsteher wurden mobilisiert. Alle wollten, dass ich mir diesen jungen Italiener aus dem Kopf schlage. In den dunkelsten Farben wurde das Leben in einem katholischen Land beschrieben, wo

Frauen nichts zu sagen hätten und die Kommunisten bald die Macht ergreifen würden. Klammheimlich packte ich jedoch meinen Koffer, löste mein Sparbüchlein auf und zog zu meinem Freund nach Ancona!«

So schilderte eine 60-jährige Frau den Moment, als sie als junge Frau ihrer angelsächsischen Heimat den Rücken kehrte, um in Italien ein neues Leben zu beginnen. Ein Wendepunkt in ihrem persönlichen Roman. Für sie selbst war dieser Moment sehr wichtig. Sie zeigte Mut und hat ihr Schicksal aktiv beeinflusst. Sie verließ ihre gewohnte Umgebung und distanzierte sich von ihrem vertrauten Milieu, um in unbekannte Gefilde aufzubrechen.

Nicht alle Erinnerungen beeinflussen jedoch den persönlichen Roman. Erforderlich dafür sind Hinweise auf das *Außergewöhnliche.* Die Vergangenheit darf hierzu also nicht einfach »normal« verlaufen, in der Rückschau müssen markante Zwischenschritte oder außerordentliche Ereignisse erkennbar werden. »Bei mir ist halt nicht alles so abgelaufen, wie es sein sollte«, kann man beim persönlichen Roman herauslesen.

Für gar nicht so wenige Menschen wäre es unerträglich, wenn ihr Leben völlig den gesellschaftlichen Erwartungen, Normen und Konventionen entspräche: Nach der Schule eine Lehre beziehungsweise ein Studium, danach erste Berufserfahrungen, Heirat etc. Wir fühlen uns alle als Mitglied der Gesellschaft, doch viele Bürger und Bürgerinnen haben subjektiv das Gefühl, ein Sonderfall zu sein. Die eigene Biografie, der persönliche Roman, muss diesem Bedürfnis Rechnung tragen. Notwendig sind Ereignisse oder Lebensphasen, die eine besondere, außergewöhnliche Qualität haben. Eine turbulente Liebesaffäre, ein Schulrauswurf, ein längerer Auslandsaufenthalt, eine exotische Reise oder ein abrupter Berufswechsel sind mögliche Kernereignisse des persönlichen Romans. Diese Kernereignisse beweisen, dass man dem Leben nicht einfach ausgeliefert ist, sondern es persönlich gestalten kann. Die Biografie muss von Ereignissen berichten, durch die wir uns von anderen Menschen und von der Banalität des Alltags abheben.

Die Opferfalle

Die Verbindung zur Exotik oder zum Speziellen erfolgt auf verschiedene Weise. Eine Möglichkeit ist die *Viktimisierung*: Wir sehen uns als Opfer. Man musste außergewöhnlich viele Schicksalsschläge ertragen. Grässliche Ereignisse werden erinnert. Man wurde vom Vater vernachlässigt, vom Vetter misshandelt, vom Lehrer gequält oder von Kollegen gemobbt. Die eigene Vergangenheit wird unter der Opferperspektive gesehen.

Die 40-jährige Frau, die an den Folgen einer unnahbaren Mutter leidet, hat sich viktimisiert: »Mir ist etwas Brutales geschehen!«, ist der Tenor ihres Romans. »Ich habe leiden müssen und meine Kindheit war nicht so, wie sie hätte sein sollen.« Sicher hat diese Frau eine unglückliche Kindheit erlebt, doch sie identifiziert sich auch mit einem Archetyp, der ausschließlich auf das Leiden und das Unrecht sensibilisiert ist. Dieser Archetyp wählt Handlungen und Situationen aus, die als gemein oder ungerecht gelten. Verreisen die Eltern für 14 Tage nach Andalusien, dann sieht dieser Archetyp darin eine niederträchtige Tat. Nicht das Kennenlernen des Onkels und der Tante stehen im Vordergrund, bei denen man wohnen durfte, sondern die eigenen Verlassenheitsgefühle. Sehen wir uns als Opfer, dann stellen wir den Anspruch auf eine liebevolle Kindheit und auf eine fürsorgliche Mutter. Mit einer Idealvorstellung registrieren wir Abweichungen und deklarieren diese als Manko.

Eine schwierige Kindheit, egoistische oder misshandelnde Eltern haben großen Einfluss auf die Persönlichkeit des Kindes. Was wir während unserer Kindheit erleben, hinterlässt in uns

Spuren. Das Ausmaß dieses Einflusses wurde dennoch lange Zeit überschätzt. Eine traumatische Kindheit führt nicht zwingend zu einer Persönlichkeitsstörung oder zu einer Neurose. Unsere psychologische Einstellung, die Vitalität, das Temperament und andere Beziehungen bestimmen, ob ein Trauma zu einem prägenden Faktor der eigenen Entwicklung wird oder nicht.[9] Entscheidend ist auch, ob wir entsprechende Ereignisse in unseren persönlichen Roman aufnehmen, ob sie Teil unserer Geschichte werden.

Identifizieren wir uns mit dem Archetyp Opfer, dann werden Traumata und missliche Ereignisse zu Referenzgrößen für die eigene aktuelle Situation. Wir beziehen uns immer wieder auf diese Unzulänglichkeiten. Im persönlichen Roman wird herausgestrichen, dass man Schreckliches erlitten hat. Die Opferrolle hat den Vorteil, dass man Anspruch auf Hilfe anmelden und Gerechtigkeit einfordern kann. Als Opfer trägt man auch weniger Verantwortung am persönlichen Schicksal.

Die Viktimisierung wurde durch den Siegeszug der Psychologie und durch sozialistisches Gedankengut stark verbreitet. Oft wurde und wird die Vergangenheit sorgfältig durchforstet, um Traumata zu entdecken. In Therapiestunden, an Beratungsstellen oder in Selbsterfahrungsgruppen mutieren die eigenen Mütter und Väter zu Unholden, Egoisten, Karrieristen oder Materialisten. Wenn von den eigenen Unrechtserfahrungen Ansprüche abgeleitet werden können, gedeiht dieser Archetyp zusätzlich.

Wenn das Trauma zur zentralen Leitgröße in der eigenen Geschichte wird, hat es identitätsstiftende Funktion. Das Trauma repräsentiert hier vielleicht sogar das Außergewöhnliche, das jede Biografie enthalten muss. Die Opfergeschichte gibt eine persönliche Legitimation und ist eine Chance, jenseits der Normalität zu leben. Das eigene Leben als Tragödie.

Von wilden Zeiten

Eine andere Kategorie des persönlichen Romans ist die *Romantisierung*. Kindheitserlebnisse, die Familiengeschichte, Vorfahren oder die persönliche Vergangenheit werden sentimental überhöht. Da sie dadurch einen ganz besonderen Glanz bekommen vermitteln sie dem Individuum das Gefühl, etwas Besonderes zu sein.

»Ich wuchs im Kreis 4, dem Industrie- und Arbeiterquartier in Zürich, auf. Damals gab es auf den Straßen noch Schlägereien zwischen Schweizern und Italienern, es ging rau zu. Wir Kinder bestahlen regelmäßig den Kolonialwarenladen an der Ecke der Langstraße oder sahen den Flittchen zu, wie sie ihre Kundschaft umwarben oder bedienten«, erinnert sich ein 60-jähriger gestandener Schulleiter. Die Erinnerung an eine wilde Kindheit macht es ihm möglich, sich dem System und den politischen Ansprüchen seiner Position zu fügen. Für sich selber weiß er hingegen, dass er einmal auf der »anderen Seite« war, dass er stahl und das verruchte Nachtleben hautnah miterlebte. Das Außergewöhnliche im Leben hat er während der Kindheit erlebt.

Reale oder vermeintliche Vorfahren eignen sich besonders für die Romantisierung. »In meinen Adern fließt Zigeunerblut!«, verrät eine junge Frau, ohne es genealogisch beweisen zu können. In ihrer Vorstellung hat sich jedoch das Blut der Fahrenden auf ihren Charakter ausgewirkt. Dies gibt ihrem Leben eine außergewöhnliche Note. Romantisierungen der Ursprünge beobachten wir auch bei Einwanderern oder Menschen, die mit zwei Kulturen aufgewachsen sind. Sie beginnen, ihre heimatliche Kultur oder das Land, dem sie mütterlicher- oder väterlicherseits entstammen, zu verklären. »In der Südtürkei gibt es die schönsten Strände der Welt. Die Atmosphäre ist dort ganz speziell. Auch gibt es kein Land auf Erden, wo Frauen so viele Rechte haben wie in der Türkei!«, klärt mich eine 30-jährige

Türkin auf, die schon seit langem in der Schweiz lebt und sich dort auch voll integrieren konnte. Das Gefühl, mit ihrer Seele in der Türkei zu leben, vermittelt ihr Selbstsicherheit und die Überzeugung, etwas Besonderes zu sein.

Während das Opfer sich auf die Leidensdimension des Lebens konzentriert, wählt der Romantiker Erinnerungsfetzen aus, um sie emotional und mit tiefgründigen Bedeutungen zu besetzen. Er sieht seinen besonderen Status darin, dass er einzelne Ereignisse und seine Herkunft als Beweis seiner Andersartigkeit interpretieren kann. Sowohl die Fixierung auf den Opferstatus wie auch die Romantisierung der eigenen Vergangenheit sind Ausdruck dessen, dass ein Leben nach konventionellen Mustern innere Widerstände erweckt. Unsere Seele sehnt sich nach Zwischenschritten, exotischen Verbindungen, außergewöhnlichen Ereignissen und existenziellen Herausforderungen. Die Normalität ist etwas für die anderen.

Ursachen des persönlichen Skandals

»Der macht doch einen Witz!«, raunt der Feuilletonredakteur dem Ressortleiter Sport zu. Soeben hat er erfahren, dass der Chefredakteur seine Position aufgibt. Er will sich wieder seinem Studentenjob widmen. Er ziehe es vor, Busse durch die Straßen zu manövrieren, anstatt kernige Schlagzeilen zu formulieren, die ewigen Klagen seiner Mitarbeiter anzuhören oder sich in der Öffentlichkeit rechtfertigen zu müssen. Vom permanenten Termindruck und der gierigen Suche nach neuen Ideen habe er endgültig genug. Er befreie sich vom Gefängnis, in das ihn seine Position, sein Ruf und sein Ehrgeiz einschlossen. Seinen Kopf will er nicht mehr mit Außeninformationen füllen. Dagegen möchte er im Dialog mit seiner inneren Stimme entscheiden, worüber er nachdenken soll.

Die Reaktionen seiner Kollegen und Kolleginnen sind gemischt. Nach außen zeigt man Erstaunen, Befremden oder Verständnis, der Hausklatsch wird mit härteren Bandagen geführt. Er leide unter einem postadoleszenten Pubertätsschub oder einem narzisstischen Hoch. Letztlich scheitere er an seinem übertriebenen Ehrgeiz, weiß der eine, während seine Exfrau verbreitet, er habe schon immer zu hysterischen Reaktionen geneigt. Er persönlich gibt zu Protokoll: »Einfach so.« Wieso fällt ein gestandener Familienvater und kompetenter Journalist eine solche Entscheidung?

Skandaliert sich ein Mensch, dann suchen wir nach *Erklärungen.* Wir suchen nach einer Logik, die dahinter steckt. Es gibt verschiedene Möglichkeiten, wie wir den Skandal interpretieren können.

Der Skandal kann im Kontext gesehen werden, in dem ein Mensch lebt. Das Verhalten wird dann zu einem Symptom des Systems. Gemäß dieser Sichtweise ist der Skandal nicht als solcher beabsichtigt, sondern es handelt sich bei ihm um die Nachwirkung eines anderen Ereignisses oder der Situation. Der Skandalierer ist dann ein Opfer der Umstände. Wir spüren im persönlichen Umfeld des Betreffenden Ungereimtheiten auf. Wir analysieren das berufliche Umfeld: Der Chefredakteur wird gemobbt oder vom Herausgeber gezwungen, seine Stelle zu kündigen, weil ein Familienmitglied des Herausgebers die Position einnehmen möchte. Der Redakteur ist ein Opfer eines Umstrukturierungsprozesses oder des Lean Managements. Entsprechend solcher Erklärungen ist der persönliche Skandal das Resultat eines dysfunktionalen Systems. Der Skandalierer wollte sich eigentlich nicht in Szene setzen, sondern das System, sei es die Familie oder der Betrieb, hat ihn dazu gezwungen.

Wir können Skandale jedoch auch auf Ereignisse in der *Vergangenheit* zurückführen. Der Skandalierer wird dabei zu einem

Opfer seiner Geschichte. Helmut Kohl hat so lange regiert, dass er sich am Ende als unfehlbar einschätzte und nicht mehr realisierte, dass er selber als Bürger *auch* dem Gesetz untersteht. Seine Fehlhandlung hinsichtlich der Spendenaffäre ist eigentlich eine Ermüdungserscheinung. Der Züricher Schriftsteller Fritz Zorn, der mit seiner Psychonovelle *Mars* in den 70er-Jahren Furore machte, brachte sich wegen seiner kaltherzigen, materialistischen Eltern um. Sie trugen letztlich die Schuld an diesem Suizid.[10] Das Verhalten des Skandalierers wird hier als Resultat einer längeren Fehlentwicklung verstanden.

Wenn kein Ereignis in der Vergangenheit gefunden wird oder die Umstände unverdächtig sind, können psychologische Termini behilflich sein. Die Persönlichkeit wird analysiert. Wir suchen nach einem *Motiv*: Liebessehnsucht, Machtgier, Kaltherzigkeit, Verlustängste oder Midlife-Crisis. Der Lehrerin, die in der Lehrerkonferenz plötzlich eine massive, sehr persönliche Attacke gegen den Direktor der Schule lanciert, wird eine Vaterübertragung und ein Männerproblem unterstellt und der jungen Frau, die ihren Mann verlässt, um ihn New York eine Karriere als Schlagzeugerin zu beginnen, eine postklimakterische Depression. Der psychopathologische Jargon soll dem Skandal seinen mysteriösen Charakter nehmen.

Skandale wollen etwas bewirken

Um den Sinn eines Skandals zu verstehen, müssen wir seine *Auswirkungen* studieren. Was hat der Skandal bewirkt?, ist die Frage. Wenn wir ihn nur als Symptom eines Systems oder als Resultat einer Fehlentwicklung erklären, sind wir möglicherweise in eine Falle geraten. Wir mobilisierten unser Wissen, um der irritierenden Wirkung des Skandals auszuweichen. Durch die Identifizierung von vermeintlichen Ursachen haben wir das

Fehlverhalten aus der Welt geschafft. Deklarieren wir den persönlichen Skandal als Missgeschick, als Folge der gesellschaftlichen Strukturen oder einer verwerflichen Gesinnung, dann sehen wir im Skandal lediglich die Abwesenheit des »richtigen« Verhaltens.

Die Wirkung eines Skandals auf die eigene Seele wird so aber nicht reflektiert. Der Skandal wird nur zu einem sinnlosen Ereignis und nicht zu einer Gelegenheit, sich eines potenten seelischen Bildes bewusst zu werden. Wenn wir den Skandal ausschließlich kausal, kontextuell oder psychopathologisch erklären, hören wir nicht seine Botschaft. Im Skandal tritt ein Dämon auf, ein kleines Wesen, das mit uns seine Spielchen treibt.[11] Skandale sind auch psychologische Ereignisse. Wir werden dem Wesen des persönlichen Skandals nicht gerecht, wenn wir ihn ausschließlich auf andere Ereignisse zurückführen. Vielleicht hat der Chefredakteur den Skandal beabsichtigt, den er mit seinem Verhalten ausgelöst hat, vielleicht war er das *Ziel* einer längeren Entwicklung.

Der Mensch ist nicht nur ein Produkt der Umstände und der Vergangenheit, sondern er kann sein Schicksal auch selbst beeinflussen. Wir suchen und führen bestimmte Situationen herbei, um (unbewusste) Pläne auszuführen. Das innere Skript hat dem Chefredakteur aufgetragen, sich mobben zu lassen und in persönliche Schwierigkeiten zu geraten. Er brauchte das Mobbing und die persönlichen Schwierigkeiten, um sich vom engen Korsett der Erwartungen und Verpflichtungen, die seine Position mit sich bringen, zu befreien. Ausbruch war angezeigt, deshalb mussten die entsprechenden Vorbereitungen durchgeführt werden. Er sammelte Begründungen für seinen bevorstehenden beruflichen Skandal, weil er seine innerlichen Skrupel überwinden musste. Der Skandal war tatsächlich kein unerklärlicher Fehler, sondern gezielt eingefädelt.

Die inszenierte Richtungsänderung

Der Chefredakteur suchte den Skandal, weil er ihn *existenziell veränderte*. Durch den Skandal wagte er sich in ein psychoemotionales Kräftefeld, das ihm half, Barrieren zu durchbrechen und seine persönliche Lebensgeschichte neu zu schreiben. Der Skandal gab ihm den notwendigen Kick, sich von seiner Rolle und Position zu lösen und etwas Neues zu wagen. Eine kreative Leistung!

Normalerweise ist uns das Ziel des Skandals vorher nicht klar. Wieso der Sohn bei einem Familienfest ein gut gehütetes Familiengeheimnis anspricht, eine liebende Mutter zu einem Rasta-Anhänger nach Jamaika zieht oder ein Jugendlicher ein Jahr vor dem Abitur aus dem Gymnasium austritt, um Mitgliederwerbung für eine Umweltorganisation zu betreiben, bleibt uns im Moment schleierhaft.

Wir wissen oft nicht, was unser Selbst mit uns vorhat. Unser Ich ist in solchen Situationen überfordert. Ein innerer Trieb will dem persönlichen Leben eine Wende geben. Der Skandal wird inszeniert, damit diese Richtungsänderung möglich wird. Wir provozieren Schwierigkeiten und problematisieren die Umwelt, damit wir diesem Ziel, dieser inneren Berufung nachkommen können. Nur wenn wir dem persönlichen Skandal vorurteilslos und respektvoll ins Gesicht sehen, erfassen wir seine seelischen Aussagen. Was will der persönliche Skandal uns sagen, welche Geschichte hat er uns zu erzählen?, sollten unsere Fragen sein. Persönliche Skandale sind eigenständige psychologische Leistungen.[12]

Unsere Seele sehnt sich nach Zwischenschritten, exotischen Erlebnissen, einem speziellen Status und besonderen Ereignissen. Wir fordern Normalität, doch oft nur für die anderen oder wenn wir in einem Chaos leben. Damit wir uns existenziell spüren, damit wir wissen, dass wir wirklich leben, lassen wir uns von Zeit zu Zeit verunsichern, nehmen wir an einem außergewöhnlichen Drama oder wenigstens an ein bisschen Aufregung teil. Wenn wir einen persönlichen Skandal inszenieren, besteht die Chance, dass wir uns vom gewohnten Dasein befreien und wir einem in uns schlummernden Archetyp nachspüren können. Wenn der Opferstatus langweilig wird oder die Romantisierung ihren Reiz verliert, müssen andere Wege gefunden werden. Durch den persönlichen Skandal brechen wir mit der Alltagsroutine und provozieren einen Knick in der Biografie. Der Skandalierer stellt seine Existenz in Frage, damit er aus sich selber heraus eine grandiose, irritierende oder peinliche Geschichte entstehen lassen kann – auch die Enkel sollen noch von ihm erzählen. Skandale sind darum auch der Versuch, wieder mit dem *ganz Anderen* in Kontakt zu kommen. Das Außergewöhnliche, die existenziellen Herausforderungen, mit denen man vielleicht während der Adoleszenz konfrontiert wurde, wollen wieder ins Leben eingebracht werden. Der Skandal verhindert die Verflachung des Daseins, indem das eigene Leben dramatisiert wird und eine Zäsur in der eigenen Biografie erfolgt.

Ein Gymnasiast teilt ein Jahr vor dem Abitur seinen Eltern mit, dass er seine Schulausbildung nicht regulär absolvieren werde. Obwohl er ausgezeichnete Noten nach Hause bringt, möchte er als Discjockey in Klubs arbeiten und regelmäßig an Partys teilnehmen. Er begründet seinen Entscheid mit einem unüberwindbaren Schulverdruss. Das humanistische Gymnasium, diesen »Affenkasten«, ertrage er nicht mehr. Natürlich werde er das Abitur nachholen, doch nebenbei und im Eigenstudium. Seine Eltern sind fassungslos und verständlicherweise in großer Sorge. Hinter seinem irrationalen Entschluss steht jedoch nicht nur schulischer Überdruss, sondern auch der Wunsch, seinem persönlichen Leben eine außergewöhnliche Wende zu geben.

Sein Skandal ist typisch für seine Altersphase: Jugendliche skandalieren sich oft in weiser Voraussicht. Sie verhalten sich rebellisch, aufmüpfig und lehnen die vorgesehenen Sozialisations- und Bildungsinstitutionen ab, weil sie dem nachleben wollen, was sie in sich als Berufung spüren. Natürlich wäre es sinnvoller, erst die Schulbildung regulär zu beenden und bis zum Erhalt des »Papiers« die Schulbank zu drücken, doch gleichzeitig verweigert sich in diesem Schüler etwas gegen dieses besonnene Vorgehen. Das Leben will nicht immer nur vernünftig gelebt werden, sondern manchmal auch als turbulentes, herausforderndes Drama oder Fiasko.

Der Junge inszeniert für sich eine Heldengeschichte und gibt sich eine Basis für seine Identität.[13] Wenn er sich nur an den Normen orientieren und brav die Schulsozialisation absolvieren würde, hätte er vielleicht sogar das Gefühl zu scheitern. Aus psychologischer Sicht wird er durch seinen persönlichen Skandal gerettet. Falls sein Plan aufgeht, kann er später stolz auf seinen ungewöhnlichen Entschluss zurückblicken und befriedigt irgendwo seiner Stelle als Bankfilialleiter oder Schulpsychologe nachgehen. Er selber weiß, dass er nicht den regulären Weg beschritten hat. Er hat sich durch seinen persönlichen Skandal den Startschuss für sein Leben gegeben, so wie es Alfred Einstein tat, als er das Abitur miserabel abschloss, oder John Lennon, indem er vom Art College flog.

Kontaktaufnahme mit der Tiefe der Seele

Durch den persönlichen Skandal geben wir uns eine Geschichte, die uns mit einer anarchischen Tiefendimension des Lebens verbindet. Auf diese Weise erhalten wir uns auch unsere seelische Kreativität und bleiben in Kontakt mit unserer eigenständigen Seite in uns. Der persönliche Skandal ist der Versuch, eine persönliche Geschichte zu schreiben, die der eigenen Persönlichkeit entspricht. Indem wir uns als Gegensatz zum System verstehen, finden wir vielleicht zu einer Identität, die unserer tatsächlichen Persönlichkeit gerecht wird. Skandalieren wir uns, dann setzen wir uns mit Kräften auseinander, bei denen wir nicht wissen, was sie mit uns vorhaben. Uns selber gegenüber beweisen wir, dass wir uns nicht immer den Erwartungen unserer Kultur fügen müssen.

Die persönlichen Lebensgeschichten, die wir schreiben, sind natürlich unterschiedlich. Definieren wir uns als Opfer, dann erleben wir die Auswirkungen der dämonischen inneren Kräfte am eigenen Leib, orientieren wir uns an romantischen Geschichten, dann wirken diese Kräfte auf die verklärte Umwelt ein. Der Skandal selber ist ein gewaltiger Einbruch des ganz Anderen. Durch den Skandal dringen tabuisierte und nicht integrierte seelische Inhalte ins Bewusstsein. Die Normalität wird auf den Kopf gestellt und die Vernunft ignoriert. Subjektiv hat der Skandalierer den Eindruck, der Essenz des Seins jetzt näher zu sein.

Der tiefere Sinn des persönlichen Skandals liegt im Wunsch, am ganz Anderen teilzuhaben. Dieses ganz Andere hat eine *transzendente Qualität*. Es handelt sich um Erlebnisse, die uns berühren, aufrütteln oder aufwühlen, Ereignisse, durch die wir unsere Wut, unsere Leidenschaft, unsere Faszination oder Liebe für das Leben spüren. Unser persönlicher Roman lebt von solchen außerordentlichen Ereignissen. Sie vermitteln das Gefühl, dass das Leben Sinn macht. Es handelt sich um die subjektive Version unseres Lebens und darf nicht mit einem allgemeinen Curriculum Vitae verwechselt werden. Der persönliche Roman enthält Ungereimtheiten, Fantasien, Widersprüche, Sehnsüchte, Träume, Frustrationen und Bizarres. Er erfüllt innere Zielsetzungen und nicht nur äußere Pläne. Die persönliche Geschichte ist die Basis der eigenen Identität und spiegelt unsere Eigenschaften und Fähigkeiten.

Auch wenn wir mitten im Leben stehen, Verpflichtungen haben, für eine Familie sorgen oder ein Geschäft führen müssen, verlangt etwas in uns nach Handlungen, durch die wir die Normalität sprengen und das Schaudern des Seins spüren. Damit unser persönlicher Roman gewichtige neue Abschnitte erhält, muss von Zeit zu Zeit etwas Bewegendes inszeniert werden. Oft genügen kleine Skandälchen: ein Abend, an dem man sinnlos betrunken ist, ein Fauxpas während eines Abendessens oder ein harmloses Schwarzfahren in der S-Bahn. Der persönliche Skandal ist eine Möglichkeit, ein neues Kapitel im Drama des eigenen Lebens aufzuschlagen. Er verhilft uns zu einer eigenen Identität. Der persönliche Roman handelt von Erfolgen, den Schönheiten des Lebens, von Leidenschaften. Der persönliche Roman muss jedoch auch zeigen, dass man sich den unheimlichen Seiten des Lebens gestellt hat. Nur so weiß man, dass man wirklich gelebt hat.

Der Skandal als gesellschaftliches Phänomen

Das wüste Treiben des Priesters

Die Bewohner von Benllech auf der walisischen Insel Angelsey waren empört. Tiefe Enttäuschung löste das schändliche Verhalten ihres 49-jährigen anglikanischen Priesters aus. Pfarrer Williams nutzte jahrelang ein Gemeindemitglied sexuell aus. Die Struktur der Kirchenmusik wolle er ihr erklären, behauptete er, bevor er sich mit ihr in einen Seitenraum der Kirche verkroch. Als diese Episode aufflog, gestand Frau Green voller Reue eine mittlerweile sechsjährige Affäre mit dem Familienvater. Sex hätten sie im Wohnzimmer, in der Küche, im Badezimmer, im Garten, im Wohnwagen, am Strand und eben auch in der Kirche gehabt. Die kleine Gemeinde war fassungslos. Dann meldeten sich weitere Opfer: Frau Cook und Frau Williamson. Auch sie wurden Opfer der Lüsternheit des Kirchenvaters. Die Aufregung erreichte ihren Siedepunkt, als sich herausstellte, dass der Pfarrer Frau Williamson vorgeschlagen hatte, ihre Freundin zu einem »flotten Dreier« zu überreden. Der bis dahin als liebenswürdig und verantwortungsbewusst bekannte Pfarrer entlarvte sich als sexbesessenes Monster! Die Gemeindemitglieder waren sich einig in der Ablehnung und in ihrem Entsetzen über den Priester.

Ein Sexskandal, wie wir ihn fast täglich in der Presse lesen können, die Affären des ehemaligen amerikanischen Präsidenten Bill Clinton mit Paula Jones und Monica Lewinsky sind nur ein Beispiel dafür. Öffentliche Skandalgeschichten drehen sich aber nicht nur um Sex, sondern auch um versteckte Geschäfte, Betrügereien oder dunkle Machenschaften, so zum Beispiel Berlusconis Beeinflussungsversuche der italienischen Justiz, die Geldzahlungen des Ägypters al-Fayed an englische Parlamentarier oder die Berner Finanzaffäre. Skandale decken unzulässige Verbindungen, kriminelle Handlungen, die schamlose Ausnutzung von Privilegien oder anrüchige Vergangenheiten auf. Beispiele hierzu sind Kurt Waldheims Dienst in der deutschen Wehrmacht als Ordonnanzoffizier oder die Konten der Holocaust-Opfer in der Schweiz.

Skandale erregen die Gemüter, untergraben unser Vertrauen ins System und werden als Ausdruck der Niederträchtigkeit des Menschen wahrgenommen. Skandale dürfen nicht sein, bedrohen die Ordnung oder das Funktionieren eines Staates oder einer Institution. Betrachten wir die Ereignisse genauer, stellen wir fest, dass Skandalgeschichten zum öffentlichen Diskurs freier Gesellschaften gehören. In Diktaturen gibt es keine entsprechenden Skandale. Vielleicht haben Skandale also einen tieferen Sinn. Vielleicht dienen sie als öffentliches Reinigungsritual.

Wohlverhalten als Maske

Öffentliche Skandale decken wirkliche oder angebliche Defizite des gesellschaftlichen Systems auf oder konfrontieren uns mit Menschen, die es für sich ausnutzen wollen. Diese Menschen setzen sich über öffentliche Werte hinweg und täuschen bewusst ihre Umgebung. Hinter einer Fassade des Wohlverhaltens und der Regeltreue versteckt sich niederträchtiges Verhalten. Persönlichkeitseigenschaften kommen zum Vorschein, die wir aus moralischen Gründen ablehnen oder verdrängen wollen.

Was letztlich zu einem Skandal wird, hängt nicht zuletzt von den Werten und den sensiblen Themen der jeweiligen Zeit ab. Skandale stehen in einer Wechselbeziehung zu den jeweils aktuellen Tabus und Modeströmungen. Eine Frau »oben ohne« in einer Badeanstalt wird heute kaum noch einen Reporter aus seinem Büro locken, ebenso wenig lösen lange Männerhaare in der Öffentlichkeit Kopfschütteln aus. Das Ärgernis ist leichtlebig und Ausdruck des Zeitgeistes. Gegen Ende des 19. Jahrhunderts galt es noch als abwegig, als Frau seine Knöchel zu zeigen. Freie Sicht auf den eigenen Knöchel wurde als eindeutiges erotisches Aufforderungssignal verstanden, als unzulässige Reizung ehrenvoller Männer. Wie sich die Zeiten ändern ...

Skandale aufzudecken oder zu initiieren, ist Aufgabe der Medien. Der Skandal um die Holocaust-Gelder auf schweizerischen Bankkonten entstand aufgrund einer Zeitungsente in einer israelischen Zeitschrift, in der ein Journalist behauptet hatte, 6,7 Milliarden Dollar nachrichtenloser Gelder lägen noch auf schweizerischen Bankkonten. Der Skandal wurde durch die Zahlung von 1,25 Milliarden Dollar beendet. »Skandale entwickeln, wenn sie erst einmal etabliert sind, wie publizistische Konflikte und öffentliche Krisen eine Eigendynamik, die vom tatsächlichen Sachverhalt weitgehend unabhängig ist.«[14] Ethische Normen und öffentliches Interesse werden vorgebracht, wenn nach Skandalen gesucht wird. Löst eine »Story« Empörung aus, wird der betreffende Journalist zum moralischen Helden. Er hat ein öffentliches Psychodrama ausgelöst, das heikle oder tabuisierte Themen an die Oberfläche brachte.

Damit Skandale entstehen können, müssen weiterhin bestimmte gesellschaftliche Voraussetzungen erfüllt sein. Erforderlich ist eine dynamische *Klatschkultur.* Zu einer lebendigen Gemeinschaft oder Gesellschaft gehören Munkeln und Tratschen. In Dörfern und Kleinstädten erfährt man im Treppenhaus, in der Kneipe, beim Kaffeeklatsch, beim Frisör, im Fitnessstudio oder beim Einkauf brisante Neuigkeiten und Verdächtigungen. Bei Themen mit nationaler oder gar internationaler Dimension werden Gerüchte über Internet, Telefonate, in den Vorhallen von Parlamenten oder nach Sitzungen ausgetauscht.

Klatsch vermittelt das *Gefühl der Zusammengehörigkeit.* Man ist erst Teil der Firma, einer Schule, Region, Berufsgruppe oder sogar Nation, wenn man beim Klatsch mithalten kann. Weißt du schon, warum der Abteilungsleiter den Hut nehmen musste? Schüler fühlen sich oft erst dann richtig einer Schule zugehörig, wenn sie Träger von Informationen über das Fehlverhalten oder das Privatleben von Lehrpersonen sind: Weißt du schon, dass die Französischlehrerin einen Liebesbrief von einem Stefan liegen gelassen hat, wo doch alle wissen, dass ihr Ehemann Peter heißt! Im Klatsch werden Verhaltensweisen besprochen, die in der betreffenden Gemeinschaft oder Gesellschaft nicht zulässig sind, die man jedoch vermutet oder fantasiert: Tabus und Schattenthemen.

Klatsch ist jedoch auch eine gute Gelegenheit, *eigene Fantasien* zu entwickeln. Wir projizieren auf andere, was uns selber beschäftigt. Vermutungen, Hinweise und kolportierte Details werden mit eigenen Vorstellungen vermischt. In die grandiosen Geschichten schleichen sich eigene Wunschvorstellungen ein: Die Hausfrau, die über eine Affäre einer Nachbarin lästert, träumt vielleicht selber von einer heimlichen Liebschaft.

Natürlich wirkt sich Klatsch oft auch sehr problematisch oder sogar zerstörerisch aus. Er kann auch Spannungen erzeugen und Zwietracht auslösen. In den kleinen Schweizer Halbkantonen Appenzell Inner- und Außerrhoden tragen die Bauern häufig ein Fernglas bei sich – vielleicht weil die Gehöfte in diesem hügeligen, voralpinen Gelände weit auseinander liegen. Jedenfalls scheint eine solche Topografie und Besiedelung Klatschgeschichten zu fördern. »Wieso trägt der Hans an einem Werktag seinen Sonntagsanzug?«, überlegte ein Appenzeller laut im Beisein seiner Frau. Diese wusste, dass dieser Hans häufiger in Wirtschaften anzutreffen war, und schon war das Gerücht über den Alkoholismus des Nachbarbauern perfekt.

Klatsch wird als Mittel der *sozialen Abgrenzung* eingesetzt. Durch das ostentative Austauschen von Insider-Geschichten wird markiert, wer dazugehört. In der englischen Aristokratie diente der Klatsch als Abwehrmittel gegen Parvenüs, Snobs oder Neureiche. Durch den gezielten Einsatz von entsprechendem Wissen konnten »Eindringlinge« rasch mundtot oder in Verlegenheit gebracht werden. Die Unkenntnis des Klatsches verriet den Banausen. Er konnte lediglich zuhören und keine neuen Details zu den Affären, Süchten, Unfällen oder Perversionen der »oberen Zehntausend« beisteuern.

Die Geschichten und Gerüchte, die in Klatschkulturen gären, bilden die Grundlage der Skandale. Durch den Klatsch nähern wir uns der Unterwelt. Der Austausch von Halbwahrheiten und Verdächtigungen macht es möglich, dass sensible Themen aufgegriffen und Skandale möglich werden.

Die Dramaturgie des Skandals

Der erste Akt in der Dramaturgie des Skandals ist das *Lüften des Geheimnisses.* Eine Information verlässt die Klatschzirkel und wird zum Teil des öffentlichen Diskurses. Ein Insiderwissen wird der Allgemeinheit präsentiert, um einen öffentlichen Aufschrei zu erzielen: Protest, Ärger, Empörung und Ängste soll die brisante Information auslösen.

Die Reaktionen der Öffentlichkeit sind jedoch nicht planbar. Ob ein Gerücht zu einem Skandal wird, hängt von der allgemeinen Stimmung wie auch von der Frage ab, ob wirklich ein Tabu verletzt oder ein Grundwert angegriffen wurde. Vergeblich versuchten zum Beispiel vor einiger Zeit die einschlägigen Presseerzeugnisse den Telefonsex von minderjährigen Mädchen als Skandal zu verkaufen. Die allgemeine Empörung blieb aus. Ähnlich beim Waldsterben, bei dem immer wieder versucht wird, daraus einen Skandal zu entfachen: Auch die extremsten Metaphern und Schlagzeilen lösen nichts Vergleichbares aus. Springt der Funken jedoch hinüber, sind mediale Erschütterungen die Folge: Die von einem Wachangestellten der Schweizer Großbank UBS verhinderte Vernichtung von Akten über geschäftliche Transaktionen während der Nazizeit passte genau zum heranziehenden Gewitter über die Holocaust-Konten.

Ob die Informationen der Wahrheit entsprechen, ist in dieser Phase des Skandals irrelevant. Entscheidend ist, ob das durch die Skandalgeschichte umrissene Szenario den Nerv der Öffentlichkeit trifft. Wichtig ist auch die Präsentation: Eine einfache Sprache schürt eher Emotionen als eine rationale Argumentation. Damit die Fantasie angeregt wird, müssen beim Leser, Zuhörer oder Zuschauer zudem Bilder erzeugt werden. Beim Skandal um den britischen Kriegsminister John Profumo in den 60er-Jahren stellte man sich vor, wie der naive Minister sich mit der lebenslustigen Christine Keeler im Swimmingpool vergnügte, während sie gleichzeitig vom russischen Diplomaten Iwanow träumte. Frau Keeler erregte zudem Aufsehen, weil sie sich in aller Öffentlichkeit mit ihren zwei Männern brüstete. Die Profumo-Affäre inszenierte sich mit einprägsamen Bildern, in die die Öffentlichkeit eintauchen konnte.

Der zweite Akt eines voll inszenierten Skandals ist die *Debatte.* Eifrig wird diskutiert, wie es weitergehen könnte. Der Ruf nach ersten Konsequenzen erfolgt.

Im dritten Akt schließlich verlangt die Öffentlichkeit nach einer *Wiederherstellung der Ordnung,* nach *Reuebezeugnissen* der Schuldigen und nach sichtbaren *Konsequenzen.*

Kollektive moralische Empörung

Um Skandale zu verstehen, müssen wir den Radius der Psychologie erweitern. Psychische Prozesse spielen sich nicht nur im Individuum ab, sondern auch in Gruppen. Wie C.G. Jung betont, sind wir auch kollektive Wesen, die durch die Mythen, Tabus und Normen unserer Kultur gesteuert werden. Nicht nur das Individuum ist ein Raum für seelische Prozesse, auch die Gemeinschaft ist eine seelische Größe. Wenn wir uns für eine gemeinsame Tätigkeit, ein Ziel oder zu einer Lebensgemeinschaft zusammenschließen, stellen sich automatisch *seelische Dynamiken* ein. Diese folgen ihren speziellen Gesetzmäßigkeiten, sie haben eigene Erscheinungsbilder und Rituale. Unser Verhalten dürfen wir somit nicht nur durch die Brille der Individualpsychologie sehen, sondern wir müssen uns immer auch als Mitglieder von Kollektiven begreifen.

Identifizieren wir uns mit einer Gruppe, einer Institution oder einer Region, dann wird unser Verhalten von diesen Systemen beeinflusst. Was wir tun, denken und sehen, ist auch Ausdruck der seelischen Befindlichkeit unserer jeweiligen Bezugsgruppe. Arbeiten wir als Lehrperson, übernehmen wir die Tabus, Sensibilitäten und Rituale des Schulteams und der Bezugsgruppe »Lehrer«. Vielleicht sorgen wir uns zusammen mit den Kollegen über tatsächliche oder vermeintliche Gewalt an den Schulen, beklagen den schwindenden Erziehungseinfluss der Eltern oder glauben einen allgemeinen Niveauverlust festzustellen. Wir stimmen uns in die Themen unserer Bezugsgruppen ein, ohne dass wir uns dessen bewusst sind.

Systeme sind nicht nur Organisationseinheiten, die definierte Funktionen erfüllen, sondern Gemeinschaften, die Symbole, Rituale und oft sogar Mythen entwickeln. Oft ist es schwer, zwischen genuin eigenständigen Gedanken und Empfindungen und solchen zu unterscheiden, die uns das Kollektiv überträgt. Wir erleben uns als Individuum und weigern uns, uns als Massenmensch zu betrachten. Die mentalen Einschränkungen und Denkperspektiven, die unsere Bezugsgruppen uns auferlegen, sind auch schwer durch den Dialog mit Mitmenschen zu erkennen, da wir meistens mit Angehörigen des gleichen Kulturkreises oder der gleichen Bezugsgruppe sprechen.

Um die Bedeutung der Skandale zu verstehen, müssen wir den Einfluss dieser kollektiven Denk- und Empfindungsmuster in uns verstehen. Der Skandal steht im Zusammenhang der Psychologie unserer Bezugsgruppe oder Kultur. Er erfüllt aus der Perspektive der kollektiven Psychologie wichtige Funktionen.

Die erste Funktion betrifft die *Machtfrage*. Wie Macht und Einfluss verteilt werden, ist eine Frage, die immer wieder neu beantwortet werden muss. Meistens werden Positionen definiert, an die Kompetenzen und Entscheidungsgewalt gebunden sind. Diese werden von Individuen besetzt: der Präsident, die Schulleiterin, der Regierungsrat, der Geschäftsführer oder der Oberst. Einzelne Persönlichkeiten profilieren sich als Führungsfiguren und nehmen entsprechende Positionen ein.

Interessant ist jedoch, wie Macht wieder *abgegeben* wird. Die Mehrzahl der Menschen gibt einmal errungene Macht nur ungern ab, sie klammert sich an Position und Einfluss. Wenn es keine offiziellen Regelungen oder Rituale für die Machtabgabe gibt, bleibt der Skandal als Möglichkeit. Wir können eine Person von ihrer Position stürzen, wenn bei ihr Fehlverhalten festgestellt wird. Durch kollektive moralische Empörung ist schon mancher von seinem Chefsessel gepurzelt oder hat seine Starrolle aufgeben müssen. Der Skandal holt den Betroffenen wieder auf den Boden der Realität zurück und macht ihn wieder zu einem »normalen« Menschen. Skandale verhindern, dass aus Menschen Götter werden.

Für die Öffentlichkeit sind solche Skandale zudem eine gute Gelegenheit, *Scheinheiligkeit* zu inszenieren. Bequem zu Hause im Sessel sitzend lässt man sich über das ruchlose Verhalten eines Politikers, die perversen Spiele eines Popstars oder die Exzesse eines Schauspielers aus. Man hat es ja schon immer gewusst, ist jetzt jedoch trotzdem »maßlos enttäuscht« über den betreffenden Menschen. Selbstverständlich liegt einem selber ein derartiges Verhalten fern. Hie und da müssen Gauner eben an den Pranger gestellt werden, damit die kollektive Ordnung und Macht wieder neu verteilt werden können. Wenn zudem Konsequenzen gezogen werden, dann hat aus der Sicht der Allgemeinheit auch die Gerechtigkeit gesiegt.

Skandale haben kollektive Angriffe zur Folge, durch die Personen mit Macht, Prestige oder Starstatus wieder von ihrem Podest heruntergeholt werden. Oft handelt es sich dabei um Menschen, die vorher außerordentlich gelobt, als Vorbild dargestellt und bewundert wurden, Menschen, die über großen Einfluss oder große Machtfülle verfügten.

Die zweite Funktion von Skandalen ist jene der *Selbstreinigung*. An der Skandal-Person wird ein moralischer Wert abgehandelt. Die Hysterie um den Skandal ermöglicht eine erneute

Ausrichtung auf einen Grundwert der betreffenden Gemeinschaft oder Bezugsgruppe. Dopingskandale sensibilisieren die Menschen beispielsweise für sauberen Sport. Solche Prozesse sind zwar mühsam, doch wirken sie sich langfristig gesehen positiv aus.

Psychologische Hintergründe von Skandalen

Wir entwickeln ein System, sei es der Staat, ein Betrieb oder eine Institution, damit die Bedürfnisse einer Gruppe befriedigt, bestimmte Aufgaben erfüllt oder das Zusammenleben ermöglicht werden. Entscheidungsabläufe werden geregelt, Machtbefugnisse festgesetzt und Aufgaben definiert. Ob es sich um eine Schule, eine Regierung, eine Firma oder einen Theaterverein handelt: Jedes Mal entwerfen wir Modelle, die einen bestimmten Betriebsablauf festlegen. Wir stellen uns vor, wie Betriebsräte, Aufsichtsräte, Aufsichtskommissionen, Verwaltungsräte und Direktoren arbeiten sollten und welche Pflichten, Rechte und Funktionen sie haben werden.

Innerhalb eines Systems unterscheiden wir verschiedene Positionen und Arbeitsbereiche, zum Beispiel den Product Manager, der innerbetriebliche Zusammenhänge verstehen, strategische und taktische Marketingkonzepte sowie zielorientierte Maßnahmen entwickeln sollte, den Einkäufer, der Angebote einholen, Verträge erstellen, mit Lieferanten verhandeln und den Markt beobachten sollte, oder die Lehrperson, die junge Menschen in ein Fach einführen sollte.

Wir gehen davon aus, dass in den Systemen und Organisationen alles gemäß unseren Vorstellungen funktioniert. Wir nehmen also an, dass die Mitglieder alle wichtigen Regeln, Pflichten und Abläufe verinnerlicht haben und sich in der Folge davon systemadäquat verhalten: Die einzelnen Rädchen greifen ineinander, die Positionen ergänzen sich und die Verantwortlichkeiten sind klar. Eine Fabrik produziert für den Markt, die Schule bildet ihre Schüler und Schülerinnen aus und das Regierungssystem bewältigt die Probleme eines Landes.

Wir entwickeln Institutionen aus einer *rationalen Perspektive* heraus und denken in Konstrukten, an denen sich die Realität orientieren soll. Wir setzen voraus, dass es sich bei den Mitgliedern des Systems um vernünftige, rational orientierte Menschen handelt: Dem Anlageberater ist klar, dass es für ihn und alle anderen das Beste ist, wenn er versucht, die Gelder ehrlich zu verwalten, und der Staatsangestellte weiß genau, dass es sich nicht gehört, seiner Sekretärin sexuell eindeutige Angebote zu machen. Unsere Vorstellung ist, dass die Funktions- und Rollenträger besonnen und einsichtig sind.

Was sich in der Theorie gut anhört, hat in der Realität ein ganz anderes Gesicht. Institutionen funktionieren nie perfekt, da sie mit Menschen ausgefüllt sind, die noch von ganz anderen Kräften beeinflusst werden.

Der Mensch ist in der Regel kein »Normalfall«, nach strengen diagnostischen Kriterien ist der Einzelne oft sogar ein Neurotiker oder Psychopath mit perversen Fantasien, übermäßigen Ängsten oder peinlichen Ticks. Der *»Normalmensch«*, den ein System für sich definiert, ist eher die *Ausnahme*. Es werden darum nie alle Menschen perfekt in ein System passen. Aus der Perspektive der Normen, die ein System definiert, sind die meisten sogar Fremdkörper. In ihrem Benehmen, ihren Interessen, ihren Vorstellungen, ihrem Denken und Fühlen können sie sich nicht restlos einfügen. Sie dürfen ihre Neigungen aber nicht ausleben, da das System damit zusammenbrechen würde. Also passt man sich an, lächelt und mimt Anständigkeit.

Weil die meisten Systeme nur einen kleinen Teil dessen, was in der Persönlichkeit eines Menschen enthalten ist, berücksichtigen, produziert ein System viel Unbewusstes: Das Chaotische, Unheimliche, Triebhafte, Seltsame wird ausgeklammert. Damit das System einigermaßen funktioniert, müssen diese psychischen Inhalte verdrängt werden. Das Unterbewusste wird abgespalten wie auch die Tatsache, dass vor allem dynamische Menschen, deren chaotische, religiöse, sexuelle, visionäre und bizarre Wünsche sich auf Dauer nicht unterdrücken lassen, Normalität längerfristig nicht ertragen.

Reibungslose Funktionsabläufe und wohl geordnete Systeme bedeuten das Ende psychischen Lebens. Die Spannung ist weg und wir verlieren den Kontakt zu unseren unheimlichen, faszinierenden Mächten in uns selber. Normalität ist ein gefährliches Trugbild. Wir müssten unser existenzielles und religiöses Streben aufgeben, wenn wir uns restlos einem System unterwerfen wollten. Die Psyche des Menschen lässt sich nicht durch definierte Regelkreise, strukturierte Entscheidungsabläufe oder festgelegte Funktionen begrenzen. Sie geht ihre eigenen Wege. Wenn wir uns vorstellen, dass etwas reibungslos zu funktionieren hat, respektieren wir die Schattendimension oder die Dämonen nicht, die in jedem System herumspuken.

Diese anarchischen Kräfte bedrohen die Normalität und das Funktionieren des Systems. Unweigerlich melden sich früher oder später die verdrängten Komplexe: Eifersucht, Neid, Habgier, Sehnsucht nach dem Kick, Ängste, Hass, sexuelle Fantasien oder religiöse Sehnsüchte. Die Dämonen, die ein System gebärt, repräsentieren die tiefer sitzenden, unbewussten Kräfte und Themen der Mitglieder des Systems oder der Organisation. Es handelt sich um Persönlichkeitseigenschaften, die wir am liebsten aus unserem Denk- und Weltbild verbannen würden. Sie beeinflussen die Verhaltens- und Denkweisen der Systemmitglieder.

Wir dürfen also nie dem naiven Glauben verfallen, dass ein von uns entwickeltes System auf Dauer reibunglos funktioniert. Normalität ist eine Fiktion, da wir als Einzelne und vor allem in der Gruppe immer auch von geheimen, inneren Mächten umgetrieben werden. Bei einem Skandal brechen diese verdrängten Emotionen und Fantasien durch. Der Glaube an wohl funktionierende Abläufe wird erschüttert, weil wir die dämonischen, irritierenden Kräfte, die sich in jeder Menschengruppe manifestieren, nicht anerkennen.

Skandale sind *kollektive Dramen*. In ihnen spielen Motive, Mythen und Wünsche einer Gruppe, Gemeinschaft oder ganzen Nation eine Rolle. In den Personen und Themen, die eine Gemeinschaft für ihre Skandale auserwählt, drücken sich die moralischen Anliegen und unbewussten Fantasien der jeweiligen Gruppierung aus. Sie stellen die negativen Referenzgeschichten der Gemeinschaft oder Nation dar. Durch Skandale werden die Schattenthemen der jeweiligen Organisation präsent. Skandale sind jedoch auch der Beweis für die imaginäre Qualität einer Gruppen- oder Gemeinschaftsstruktur. Durch den Skandal spüren wir, dass Organisationen eigentlich etwas Lebensfremdes, Unnatürliches sind. Menschliche Organisationen haben immer auch eine psychoide Dimension, die das Funktionieren einer Menschengruppe massiv beeinflusst.

Skandalkultur

Wir stehen vor einem Paradox: Damit ein System oder eine Organisation funktioniert, müssen wir annehmen, dass *nicht* alles nach Plan läuft. Systeme müssen scheitern, da sie *Menschen* Funktionen und Rollen zuweisen. Damit ihre verdrängten Gegenkräfte das System nicht ständig in Frage stellen, sind Rituale erforderlich, Abläufe, die diese autonomen Kräfte bannen. Diese Kräfte können sich aber auch in Ritualen manifestieren und auf Dauer zu Systemveränderungen führen. Hier liegt die Chance einer zivilisierten, gemäßigten Skandalkultur. Der Skandal ermöglicht eine Auseinandersetzung zwischen unseren Werten und den inneren Dämonen. Dank der Skandale treten die unbewussten Kräfte ans Licht und verraten ihre Macht. Dank der Skandale erkennen wir diese Kräfte, mit denen wir rechnen müssen, wenn wir eine kollektive Aufgabe gemeinsam ansehen.

In einem Basler Gymnasium war Alkoholismus ein großes Problem. Programme wurden durchgeführt, um die Trunksucht der Schüler einzudämmen. Gemunkelt wurde, dass auch Lehrer davon betroffen seien. Auch der Direktor sollte angeblich an einem schweren Alkoholproblem leiden. Alle wussten irgendetwas davon, doch niemand wagte dieses Problem in der Öffentlichkeit zu thematisieren. Es wurde tabuisiert. Einige Klassen sollen heimliche Vereinbarungen mit diesem Lehrer eingegangen sein: Du gibt uns gute Noten, und wir verraten nicht, dass du oft betrunken bist oder überhaupt nicht zu den Stunden erscheinst. Diskret sollen auch Lehrerkollegen die Flaschen im Büro des Direktors übersehen haben. Als Direktor einer wichtigen Bildungsinstitution *durfte* er einfach kein Alkoholproblem haben. Dies hätte dem Ruf der Schule massiv geschadet.

Es kam zum Skandal, als der Mann während einer Feier vor einem Podest stolperte. Jetzt war das Geheimnis gelüftet und auch in außerschulischen Klatschzirkeln wurde über das Problem des Direktors heftig debattiert. Allgemeine Empörung und böse Zuschriften der Eltern waren die Folge. Schließlich wurden konkrete Maßnahmen gefordert und man bat den Direktor, seinen Hut zu nehmen.

Ein interessantes Detail dieser wahren Geschichte: Der Schulleiter hatte gar kein Alkoholproblem, er war kaum je zu spät zur Schule erschienen und hatte keine heimlichen Pakte mit den Schülern geschlossen. Alkohol war jedoch ein virulentes Thema unter den Schülern wie in der Lehrerschaft. Ein Dämon war über den Direktor aus der Unterwelt emporgestiegen.

Damit sich wirklich ein Skandal entwickeln kann, müssen verschiedene Bedingungen erfüllt sein. Wichtig ist vor allem eine differenzierte Skandalkultur, die dem Dämon einen Auftritt ermöglicht. Unsere Skandalkultur hat jedoch verschiedene Schwächen.

Moralismus

Skandale sind die moderne Form des moralischen Diskurses. Sie ermöglichen Auseinandersetzungen mit Schattenthemen. Durch Skandale werden wir mit den zentralen Werten unseres Lebens konfrontiert. Skandaldebatten finden heute nur noch selten innerhalb der Universitäten statt oder werden durch die Kirchen initiiert. Es sind die Medien, die uns mit den notwendigen Skandalthemen versorgen. Woran man sich orientieren soll, wird durch die Mediendebatte entschieden.

Das Problem dieser Form des Diskurses ist, dass er plattem Moralismus Tür und Tor öffnet. Statt zu versuchen, den Skandal auf eine höhere geistige oder religiöse Ebene zu heben, wird eine Person geopfert und die Debatte über eine sich skandalierende Person abgehandelt. Der Skandal wird einseitig an einem Menschen ausgetragen, während die breitere – beteiligte – Öffentlichkeit sich ausklinken und eine moralisch integre Haltung signalisieren kann. Alle anderen können sich distanzieren, in Empörung üben und mit dem Zeigefinger auf die verwerfliche Gesinnung des Skandalierers zeigen. Wir vergessen allzu rasch, dass der Skandalierer meistens nur Symptomträger ist, dass er oder sie mit einem Dämon ringt, den andere oft gar nicht zulassen oder bei sich identifiziert haben.

Grotesk war beispielsweise die Auseinandersetzung um Richard Nixon während der Watergate-Affäre. Ich kann mich erinnern, wie eine Bekannte geschockt und empört in ihrem Haus auf und ab lief und immer wieder ausrief: »To think, that the american president lied!« Für sie war der Gedanke entsetzlich, dass Richard Nixon lügen könnte. Mir schien schon damals ihre Aufregung unehrlich oder naiv. Mich störte, dass sie das Lügen nur an Nixon abhandelte und nicht als Anlass nahm, über das *Lügen an sich* nachzudenken. Lug und Trug sind eine Dimension menschlichen Verhaltens. Natürlich sind wir alle bemüht, die Wahrheit zu sagen. Wir geraten jedoch immer wieder in Situationen, die unsere Persönlichkeit mit einer Lüge zu bewältigen versucht. Der Dämon Lug und Trug wurde jedoch damals vor allem über Richard Nixon abgehandelt. Er opferte sich als sich skandalierende Person.

Über den Skandal können wir eine moralische Position finden und unsere Werte reflektieren. Der Skandalierer ermöglicht die Debatte und gibt uns die Chance, sich mit einem Dämon auseinander zu setzen und sich eventuell von ihm zu distanzieren. Die sich skandalierende Person ist jedoch bereits einen Schritt weiter: Sie hat den Skandal auch bei sich selber zugelassen, konfrontiert sich auch persönlich mit dem Schattenthema, während die Öffentlichkeit dieses Thema von sich weisen kann, indem sie es an einer einzigen Person abhandelt oder sie öffentlich dazu benutzt, einen allgemeinen Missstand anzugehen.

Trauma als Mittel der Kulturschaffung

Skandale führen, wenn sie richtig inszeniert werden, zu einer Erschütterung des jeweiligen Systems und zum Überdenken der eigenen moralischen Position. Zur Dramarturgie des perfekten Skandals gehört, dass er mit einer Änderung des Bisherigen endet. Ein Skandal muss Konsequenzen haben. Ein Dämon ist aufgetaucht und wird nun durch entsprechende Maßnahmen oder Rituale neutralisiert. Der Skandal bewirkt ein Trauma, das wir als Chance zu Änderung und Weiterentwicklung wahrnehmen sollten. Die Dreyfus-Affäre in Frankreich hatte unter anderem zur Folge, dass man sich dort um die letzte Jahrhundertwende antisemitischer Störungen bewusst wurde, Watergate, dass man fortan die illegalen Praxen der Nachrichtenbeschaffung besser im Auge behielt.

Vielleicht entwickelt sich eine Kultur nur aufgrund periodisch auftretender Skandale. Es erfordert öffentliche Traumatisierungen, damit verborgene, vielfach destruktive und instinktive Kräfte erkannt und gebannt werden. Dank der öffentlichen Traumatisierung entwickeln sich der Einzelne und die Öffentlichkeit weiter. Das kollektive Trauma, das durch den Skandal verursacht wurde, führt womöglich zu einer Bewusstwerdung. Wir beginnen uns auch mit den chthonischen, unbewussten Kräften auseinander zu setzen und zu identifizieren. Der Skandal ist das Mittel der Kollektivpsyche, auf die Schattenbereiche des Menschseins hinzuweisen und zu demonstrieren, dass unsere Ratio viele Kräfte in uns nicht adäquat erfassen kann. Der Skandal verhindert Erstarrung. Er ermöglicht Erneuerung.

Skandale sind verborgene Wertediskussionen. Sie zeigen uns, was uns wichtig ist. Die Inhalte des Über-Ichs setzen sich mit den Schattenwünschen auseinander: Treue versus Verrat, Ehrlichkeit versus Lüge, Zügellosigkeit versus erotische Zweierbeziehung. Über Skandale finden wir oft zu unseren eigenen Werten.

Erhaltung der Gesellschaft

Skandale *erhalten* die Gesellschaft. Der Skandal ermöglicht eine zivilisierte Auseinandersetzung mit den Dämonen und unseren Werten. Er fördert meistens auch das Gemeinschaftsgefühl. Die kollektive Empörung ist eine Chance der Partizipation. Menschen finden zusammen aufgrund von Skandalen. Über den Skandal präsentieren sich die aktuellen Mythen und Werte.

Interessant ist hier das Beispiel eines graubündnerischen Dorfes. In diesem kleinen Bergdorf versuchten immer wieder rührige Bewohner einen Verein zu gründen, sodass man im Dorf einer kulturellen oder sportlichen Tätigkeit nachgehen konnte. Leider mussten die Vereine immer wieder aufgelöst werden, da es zu einem Skandal kam.

Beim Schießverein veruntreute der Kassier Geld, der Theaterverein spaltete sich wegen einer ungerechten Rollenverteilung und beim Kegelklub kam es zum Eklat, nachdem sich herausstellte, dass die Männer sich während einer Kulturreise in den Fernen Osten nicht nur der Kultur gewidmet hatten. Von der Zeitschrift *Stern* wurden die Mitglieder des Kegelklubs im Rahmen einer Reportage über Bordelle in Bangkok zufällig abgelichtet, wie sie mit fernöstlichen Schönheiten auf dem Schoß in einer Bar saßen.

Vielleicht lag die Bedeutung dieser Vereine gar nicht in den Freizeitaktivitäten. Vielleicht lieferten sie Skandale, dank derer Dämonen gebannt werden konnten. In der gemeinsamen Aufregung fand die Dorfgemeinschaft schließlich immer wieder zusammen.

Jede lebendige, gut funktionierende, demokratische Gemeinschaft braucht Skandale. Wenn ein Skandal stilgerecht durchexerziert wird, ist dies ein Zeichen der Stärke und Vitalität. Wie schon gesagt: Nur Diktaturen oder schwache Regime kennen keine Skandale und funktionieren scheinbar problemlos. Skandale geben einer Gemeinschaft oder Nation auch eine Geschichte. Vergangenheit wird vor allem über Skandele kreiert. Sie bilden den identitätsstiftenden Urgrund einer Gesellschaft. Gemäß den alten Mythen entstand die Schweiz aufgrund eines Skandals. Und der Skandal, aufgrund dessen das moderne Deutschland entstand, braucht nicht weiter erwähnt zu werden. Später dienen Skandale dazu, die Nation oder Gemeinschaft am Leben zu erhalten.

Skandale sind wichtige Rituale, durch die das Kollektiv auf verdrängte Themenkomplexe aufmerksam wird. Wir brauchen Skandale, um zu erkennen, dass es auch autonome seelische Kräfte gibt, die in einem System aktiv sind.

Damit ein Skandal seine volle Bedeutung entfalten kann, sollten alle Phasen des Skandals durchlaufen werden: Klatsch, Gerüchte, Tabubruch, kollektive Empörung, Konsequenzen. Ein Problem vieler aktueller Skandale ist, dass sie auf der Ebene der *Sensation* stehen bleiben. Der Skandal wird nur angetippt. Eine Sensation ist aber noch kein Skandal. Sie weckt zwar Neugier, erregt die Gemüter und vielleicht kommt es sogar hie und da zu einer Diskussion. Was jedoch fehlt, sind die öffentliche Debatte und die Konsequenzen. Die Sensation dient der momentanen Erregung, sie zielt nicht auf Veränderung ab. Die Gemeinschaft schaut nur hin, lässt sich kurz unterhalten, um sich dann einem anderen Drama zuzuwenden. Die Sensation beinhaltet auch keine Wertediskussion. Die moralische Empörung wird nicht durchlebt. Viele Skandale, die als große Medienspektakel begannen, verpuffen im Leeren und zeigen keine Wirkung.

Ein weiteres Problem ist, dass Skandale oft *monothematisch* ausgerichtet sind. Herrscht keine eigentliche Skandalkultur, dann drehen sich Skandale immer wieder um dieselben Schattenthemen. Diese Beobachtung konnte man vor kurzem gut in den Vereinigten Staaten machen. Gemäß Umfragen interessierten die Enthüllungen um die Eskapaden des ehemaligen amerikanischen Präsidenten Bill Clinton immer weniger Leute. Nach Paula Jones, Kathleen Willey und Sheila Lawrence löste diese Monica Lewinsky nur noch Langeweile aus. Wenn Skandale immer nur auf ein Thema fixiert bleiben, droht die Gefahr, dass andere Schattenthemen vernachlässigt werden. Die Skandalchronik der letzten Jahre ist gefüllt mit sexuellen Themen: Sexuelle Übergriffe, unerlaubte Liaisons und verbotene Liebschaften waren Hauptthemen vieler Zeitschriften und Medien. Die Fixierung auf die Sexualität scheint jedoch eine längere Tradition zu haben: Abaelard und Héloise erregten schon im Mittelalter die Gemüter. Vielleicht hat sogar seit der Christianisierung Europas dieser Skandaltyp eine Blütephase. Die Gesellschaft wendet sich exzessiv diesem Schattenthema zu, wenn sie moralisch-ethische Diskussionen führen will.

Aus archetypischer Perspektive zeigt sich hier ein gefährlicher *Reduktionismus.* Die Auseinandersetzung mit dem Schatten des Menschen bleibt unvollständig und durch die Fixierung auf ein Thema an der Oberfläche. Nicht nur mit dem liebestollen Pan und dem ekstatischen Dionysos müssen wir uns auseinander setzen. Es gibt noch andere Archetypen, die in der Unterwelt darauf warten, skandaliert zu werden: Hermes, der Gott des Geldes und der Betrügereien, darf selten über einen Skandal auftreten, wie auch der Archetyp des Glaubens an die Technik und Machbarkeit, Hephaistos. Viele der entsprechenden Themen fehlen im Spektrum der Skandale. Es macht den Eindruck, als starrten wir wie gebannt auf die Sexualität. Wir vergessen dabei, dass unser Sein auch andere Dimensionen aufweist.

Wir brauchen darum nicht mehr Skandale, sondern eine *breitere archetypische Vielfalt der Skandale.* Wir brauchen eine Skandalkultur, die sich aller unserer verdrängten und vergessenen Schattenthemen annimmt. Wichtig ist, dass wir diese Skandale jedoch nicht nur an einzelnen Personen abhandeln, die sich für die Skandale opfern müssen, sondern der Skandal als Möglichkeit kollektiver seelischer Erneuerung erkannt wird. Nur auf diese Weise findet der wichtige öffentliche Diskurs zwischen den Kräften der Oberwelt mit jenen der Unterwelt statt und wir können Normalität auf Dauer ertragen.

Rebellion als gesellschaftlicher Trend

Der Althippie

In diesem Kapitel wird eine Variante des persönlichen Skandals beschrieben: Man inszeniert einen Skandal, indem man sich einer gesellschaftlichen Subgruppe anschließt. Subjektiv hat der Skandalierer dabei den Eindruck, sich in seiner Familie oder seinem Freundeskreis persönlich zu skandalieren, doch tatsächlich schließt er sich nur einem neuen Kollektiv an. Dieser »halbherzige« Skandal hat zwar das Pathos der mutigen Rebellion oder des persönlichen Aufbruchs inne, doch bei genauerer Betrachtung fügt sich der oder die Betreffende den Normen einer Subgruppe oder des Trends, der sich als Alternative zur allgemeinen Gesellschaft präsentiert. Diese Variante des Skandals verhilft zu einer eigenen Identität und Geschichte, ohne das Risiko des Ausschlusses eingehen zu müssen. Man setzt sich von der Gesellschaft ab, indem man sich einer Subgruppe anschließt.

Die Haare sind zu einem Pferdeschwanz zusammengebunden, die dunkle Weste trägt er betont offen und die rosafarbigen Hosen sind so weit, dass sie im Winde flattern. Der 50-jährige Mann wirkt wie ein einsames Relikt aus den 60er-Jahren. Die Muster und Blümchen auf seinem Hemd erinnern an psychedelische Happenings und die Sandalen vermitteln die Botschaft, dass er sich weiterhin von bürgerlichen Werten distanziert. »Ihr habt einen Abweichler vor euch!«, signalisiert er durch seine Kleidung der mäßig interessierten Umwelt. Nur sein prominenter Bauch und seine grauen Bartsträhnen brechen diese Botschaft ein wenig. In seiner Fantasie lebt er in Woodstock, er schwärmt von Flower-Power, Love-ins und summt wahrscheinlich alte Dylan-Songs vor sich hin. Im Moment muss er jedoch seinem Sohn, mit seinen Armeehosen eigentlich ein potenzielles Hippiefeindbild, klarmachen, dass er kein zweites Eis bekommt. Auf der Strandpromenade wirkt dieser Mann neben den Designersklaven, den schwarz gekleideten, eleganten In-Personen und coolen Pärchen deplatziert. Er passt nicht in die Szenerie und stört die Ästhetik des Strandlebens des südfranzösischen Hafenstädtchens.

Realisiert dieser Mann, dass die glorreichen 60er-Jahre längst vorbei sind? Wieso bewahrt er seine Hippieidentität, obwohl sie nicht ins aktuelle gesellschaftliche Umfeld passt? Er markiert den aufmüpfigen und anarchischen Hippie, doch sein Outfit löst nur noch Stirnrunzeln aus: ein komischer Kauz. Dieser Mann ist in seiner Entwicklung stagniert und nimmt neue Zeitströmungen und Philosophien nicht wahr. Sein Lebensstil ist überholt und seine Ansichten sind antiquiert. Die Hippiebewegung ist vorbei und abgesehen von einer kleinen Kolonie im Norden Englands wird ihr Lebensstil kaum mehr propagiert. Nüchtern betrachtet waren die Hippies sowieso keine eigenständige, homogene Bewegung, sondern eine Reaktion auf eine autoritäre Gesellschaft, auf Vietnam und vielleicht sogar nur ein Medienprodukt.

Der alternative Stil als Lebenselixier

Der Althippie grenzt sich weiterhin vom bestehenden *System* ab. Er orientiert sich an einem alternativen Lebensstil. Die Erlebnisse während der Hippiezeit formten seine Persönlichkeit, andere Epochen hinterließen keine bleibenden Spuren. Ein Lebensabschnitt wurde zur Grundlage der persönlichen Lebenshaltung. Durch die Hippiebewegung hat er seine persönliche Identität gefunden. Sie gab ihm ein Profil, auf das er sich noch heute stützt.

Der Althippie markiert seine Referenzepoche durch die Kleidung. Meistens können wir dieses Thema jedoch nicht von der Kleidung ablesen. Wir träumen insgeheim von einer bestimmten Lebensphase und berufen uns in unserem Denken auf sie, ohne es direkt nach außen zu zeigen. Ein 40-jähriger Mitarbeiter des Gesundheitsamts reflektiert im Zwiegespräch: »Ich weiß, wie ein Betrieb läuft, schließlich bin ich während meiner Studentenzeit in Europa und Australien herumgekommen und habe in unzählige Hotelbetriebe hineingesehen!« Seine Erfahrungen als Mitarbeiter eines Hotels sammelte er als junger Mann. Er habe damals ziemlich wild gelebt, vergisst er nicht zu erwähnen. Obwohl mehr als 20 Jahre her, vermitteln sie ihm die Überzeugung, Probleme und Herausforderungen auch der gegenwärtigen Wirtschaft zu verstehen. Dass sich das Umfeld verändert hat oder die Wirtschaft komplizierteren Mechanismen als jener damaligen Hotelbetriebe unterworfen ist, akzeptiert er nur rhetorisch. Die Erfahrungen während seiner Studienzeit sind für ihn persönlich wichtiger. Damals hat er etwas gewagt. Seinen früheren Erlebnissen ist argumentativ nicht beizukommen, da sie emotional besetzt sind und nur er über diesen privaten Erinnerungsschatz verfügt.

So wie dem Althippie Erinnerungen an San Francisco und Woodstock eine Orientierung geben, beruft sich der Arzt auf den damals in der Küche erlebten Stress, den Führungsstil des Geschäftsführers und die Bemerkungen der Kunden, wenn er Entscheidungen über die Einhaltung der Hygienevorschriften, die Toiletten oder die Notausgänge trifft. Obwohl er äußerlich angepasst lebt, ist er vor seinem inneren Auge immer noch der Außenseiter von damals.

Warum konnten die zeitweilige, widersprüchliche Hippiebewegung und der erlebte Stress in der Küche eines Hotels zu einem persönlichen Leitbild heranwachsen, während der Einfluss der Schule, Lehre oder des Studiums nicht erkennbar sind?

Persönliche Ursprungsgeschichten

Bei der Hippiezeit wie auch bei Reise- und Arbeitserinnerungen handelt es sich um persönliche Ursprungsgeschichten. Jeder Mensch entwickelt eine Geschichte, die dazu dient, eigene Werte und persönliche Eigenschaften zu legitimieren. Die persönlichen Geschichten beziehen sich jedoch nicht immer auf autonome Taten, sondern die Betreffenden schließen sich häufig einem Kollektiv an, um über sie gegenüber der Familie oder Gesellschaft einen Skandal auszulösen.

Zu reisen und irgendwo zu jobben war bei der 68er-Generation absolut in, und die Hippiebewegung wurde rasch zur subkulturellen Massenbewegung. Das »Establishment« rümpfte die Nase. Dank der Subgruppe oder dem allgemeinen Trend war somit ein persönlicher Skandal möglich. Die Subkultur gab den jungen Menschen Kraft und Argumente, um sich von der Gesamtgesellschaft abzugrenzen. Ihre Geschichten zitieren Kernereignisse und eine Interpretation der Umwelt, die sie in ihrer Subgruppe antrafen. Die Hippies schockierten die Gesellschaft durch Pop- und Rockmusik, wilde Mähnen und farbige Kleider. Von zu Hause wegzuziehen, herumzulungern und die Zerstörungsorgien der »Who« mitzuerleben, boten sich als Weg an, sich vom persönlichen Milieu zu distanzieren. Das obligatorische Poster von Che Guevara im Schlafzimmer markierte Protest und garantierte hitzige Diskussionen mit Erwachsenen. Dank der Hippies konnte man sich auflehnen und die Gesellschaft ärgern. Dank der Ausrichtung auf eine neue Bewegung konnte man sich ein eigenständiges Profil erarbeiten, ohne sich zu isolieren. Da die Hippies ein von der Jugend gelebtes Gesellschaftsphänomen waren, wurden deren Anhänger nicht gleich zu Außenseitern.

Initiation über eine Subkultur

Der alte Mann mir gegenüber macht einen verwahrlosten Eindruck. Den unregelmäßigen Bartstoppeln am Hals nach zu urteilen, muss ihm die vorgestrige Rasur gründlich misslungen sein. Das Hemd hat er ziemlich unkoordiniert zusammengeknüpft und seine Jacke hat schon mehr als eine Frühlingsreinigung verpasst. In sich versunken streift er sein schütteres Haar nach hinten und nippt an seinem Weinglas, streng beäugt von einem Kellner, der überlegt, ob er den unattraktiven Gast nicht besser nach draußen komplimentieren sollte.

Der Mann, eine Herausforderung für jeden Sozialdienst, blickt mich freundlich an und beginnt zu erzählen. Trotz seines unkonventionellen Äußeren und seiner offensichtlichen Artikulationsschwierigkeiten strahlt er Zufriedenheit aus. Er lebe in einer kleinen Dachkammer und habe seinen Raum wunderbar eingerichtet, verrät er mir stolz. Im Zentrum seines kleinen Zimmers hänge ein Bild General Leclercs. Das alte Foto habe er mit Aluminiumfolie umrandet, die er von Zeit zu Zeit ausglätte. Am Abend zünde er jeweils eine Kerze an, stelle sie unter das Bild und schaue sich seinen General an. Er denke dann an Algerien, das Fanal im vietnamesischen Dien Bien Phu und den Tag, als Leclerc 1947 in der Sahara abstürzte.

Vielleicht ist mein Tischnachbar mental herausgefordert oder »affektiv infantil«. Die Psychopathologie würde präzise

Begriffe finden, um den Zustand dieses Menschen zu diagnostizieren. Es schimmert etwas bei ihm durch, das mich berührt. Wie der Althippie oder der Mitarbeiter aus dem Gesundheitsamt wird auch er von einer vergangenen Epoche beseelt. Alle drei träumen von Zeiten, als sie etwas Anormales erlebten, Zeiten, in denen sie sich vom regulären bürgerlichen Dasein verabschiedeten.

Der Exlegionär hatte sich als junger Mann über die schweizerisch-französische Grenze nach Marseille abgesetzt. Er wusste, dass er nach seiner Rückkehr in die Schweiz eine Strafe wegen fremden Kriegsdiensts zu erwarten hatte. Sein damaliger Entschluss, sich vom biederen Leben in Wetzikon bei Zürich zu verabschieden und sich den Legionären anzuschließen, war nicht leicht. Stundenlang hatte er mit Kollegen besprochen, wie sie die langweilige Lehre abbrechen und abhauen könnten. Einmal etwas Mutiges zu tun, nahmen sich viele vor. Nur ganz wenige schritten wirklich zur Tat. Bei diesem alten Mann wurde die Zeit als Legionär zum Höhepunkt seines Lebens. Er schwärmt und beklagt gleichzeitig noch jetzt die harte Ausbildung in Südfrankreich, den mühsamen Dienst in Dschibuti und Indochina. Damals wurde er existenziell herausgefordert.

Sicher, der Hippie und der alte Mann in der Kneipe leben in einer eigenen Welt. Obwohl zwischen einem Eintritt in die Fremdenlegion und der Beteiligung an der Hippiebewegung Welten liegen, erkennen wir eine ähnliche psychologische Dynamik. Sowohl der Althippie wie auch der Exfremdenlegionär zehren von einer Zeit, als sie einen Skandal lebten. Sie haben ihn nur unterschiedlich initiiert.

Beide schlossen sich einem Trend an. Vielleicht fehlte ihnen die Kraft oder mangelte es ihnen an Fantasie, um sich als Individuum zu skandalieren. In einer antibürgerlichen Bewegung konnten sie ihre tiefe Sehnsucht nach kritischer Distanz zur Gesellschaft ausleben. Die Flower-Power-Bewegung und die Legion gaben ihnen Kraft, sich im Widerspruch zu definieren. Sie konnten anerzogene Werte auf den Kopf stellen. Die Hippiebewegung präsentierte ein alternatives Weltszenario, die Legion bot sich als geheimer Männerbund an. Nicht nur Anpassung war diesen Männern wichtig, wichtig war auch, dass ihre Initiation ins Leben über eine Subkultur geschah. Das Reisen, die Hippie-Subkultur und die Fremdenlegion präsentierten sich als Alternative, wenn man sich nicht direkt in die damalige Gesellschaft eingliedern wollte.

Der risikolose persönliche Skandal

Beide Männer tragen eine Vergangenheit in sich, die ihnen heute noch eine diskrete Distanz zur gegenwärtigen Gesellschaft ermöglicht. Die kritische oder reaktionäre Bewegung verhalf ihnen zu einer Identität. Aus dem persönlichen Fundus ihrer Erinnerungen an eine großartige Zeit komponierten sie einen eigenen Lebensentwurf. Diese persönliche Biografie wurde zur Referenzgröße für die eigene Lebenshaltung.

Früher hatte man noch Ziele, Visionen und war kritisch, diagnostiziert der Hippie, und der Exlegionär stellt ernüchtert fest, dass wir den Glauben an die westliche Höherstellung verloren haben. Der eine interpretiert die Welt in faschistoider Verblendung, der andere aus seinem tiefen antiautoritären Reflex heraus. Wie die Hyänen fallen sie beide über die heutige Gesellschaft her: In der Politik dominieren Opportunismus, Pragmatismus und der aalglatte Einheitsmensch, in der Wirtschaft denkt man nur an Shareholder-Value und nutzt die Globalisierung zur selbstsüchtigen Gewinnsteigerung aus. Die Musik ist nur noch Kommerzschrott und der ganze Körper wurde zu einem Kultobjekt.

Dank der Identifikation mit einer vergangenen Epoche können sie ihre Identität außerhalb der aktuellen Zeitthemen definieren. »Wir sind noch echte Freaks!« Die Autonomie bleibt erhalten. Sowohl beim Althippie wie beim Mann in der Kneipe und dem Mann aus dem Gesundheitsamt erfolgte die Einführung in die Gesellschaft nicht oder nur am Rande über die offiziellen Sozialisationspfade. Sie wählten einen alternativen Weg. Eine anarchische, nonkonforme und für Eltern und Lehrer ärgerliche Subkultur wurde zum Einstieg ins Erwachsenenleben.

Es gibt jedoch auch bei ihnen Unterschiede. Der Althippie und der Arzt handelten vorsichtig. Sie lebten ihre Skandale in einer halbwegs legitimen Subkultur. Sie wählten Gruppen, die sich zwar betont laut und antibürgerlich gaben, denen man sich jedoch risikolos anschließen konnte. Die durch sie initiierten Skandale wurden quasi gesamtgesellschaftlich ausgetragen, die Hippiebewegung war Teil der öffentlichen Debatte und die verhängten Sanktionen waren verkraftbar.

Der Exlegionär riskierte dagegen einen echten persönlichen Skandal. Er schloss sich zwar auch einer Subgruppe an, die damals hohe Attraktivität hatte. Zur Fremdenlegion zu gehen, war ein heißes Diskussionsthema. Bei der überwiegenden Mehrzahl der jungen Männer blieb es jedoch bei einer Gedankenspielerei, um dem Frust in der Lehre, zu Hause oder in der Schule etwas entgegenzusetzen. Der alte Man hat sich hingegen wirklich skandaliert. Auch er schloss sich einem Kollektiv an, doch sein Risiko war wesentlich höher. Er musste mit Strafen und großen Wiedereinstiegsproblemen rechnen.

Wieso wählen wir solche gebrochenen Wege? Wieso ziehen uns alternative Kulturen, Bewegungen und Szenen an? Um diese Fragen zu beantworten, müssen wir uns dem Verhältnis des Einzelnen zum Kollektiv zuwenden.

Die heimliche Macht des Kollektivs

»Niemand schreibt mir vor, was ich denken soll! Ich bestimme schließlich auch über mein Äußeres!«, betont die knapp 30-jährige Erzieherin während einer Diskussion in ihrem Team. »Die Meinung anderer und Modetrends sind mir egal!« Betrachtet man jedoch ihre Kleidung, kommen einem Zweifel. Wie alle Frauen dieser Runde trägt sie kurze, schwarze Capri-Hosen, das Haar offen, ungekämmt, und wie die anderen hält sie eine fast erloschene Zigarette zwischen den Fingern. Die Uniformität ist augenscheinlich. Die Erscheinung der Frau steht im merkwürdigen Widerspruch zu ihrer Aussage. Ist sie sich ihrer Konformität bewusst? Merkt sie, dass sowohl in ihren Gedanken wie auch in ihrer Kleidung und ihren Bewegungen das Kollektiv durchschimmert, vom dem sie sich verbal so distanziert?[15]

In den Worten dieser Frau manifestiert sich ein existenzielles Dilemma. Unsere *bewusste Orientierung* ist *individualistisch*, unser *effektives Verhalten* stark *konformistisch.*[16] Wir definieren uns als Einzelwesen. Schließlich funktionieren unsere Gehirne unabhängig voneinander und was wir sehen, hören, riechen oder spüren, ist nur uns selbst zugänglich. In unserer subjektiven Wahrnehmung stehen wir der Welt draußen gegenüber und sind Herr oder Frau über uns selbst. Die Singularität des eigenen Ichs erscheint offensichtlich.

Aus der Sicht der Psychologie handelt es sich hier um eine Täuschung. Wir fühlen und erleben uns zwar als Einzelwesen, sind es jedoch nicht wirklich. Auch wenn wir uns als eine Persönlichkeit mit eigenem Willen, privaten Gefühlen und autonomen Überlegungen erleben, sprechen unsere Handlungen und Gedanken eine andere Sprache. Wir sind immer auch Teil eines Kollektivs. In unseren Gedanken, Meinungen, in unserem Geschmack wie auch in unseren Ängsten und Problemen machen sich immer auch das Kollektiv und die Kultur bemerkbar, der wir angehören. Was wir als persönlichen Gedanken identifizieren, ist vielleicht in Wirklichkeit ein allgemeiner Trend oder eine Idee unserer Bezugsgruppe.

Die analytische Psychologie unterscheidet zwischen persönlichem und kollektivem Unbewussten. Das persönliche Unbewusste enthält private Gedanken, Erlebnisse und Erinnerungen, das kollektive Unbewusste ist die Tiefenschicht. Es umfasst die Archetypen, die Urmuster, die unser Verhalten und Denken beeinflussen. Da wir über einen eigenen Körper verfügen, alleine sterben und nicht wie siamesische Zwillinge mit einem Geschwister verwachsen sind, widerstrebt uns diese Gruppenzugehörigkeit. Wir sind überzeugt, ein eigenständiges Wesen zu sein.

Eigenständigkeit um jeden Preis

Unsere Beziehung zu Gruppen oder der Gesellschaft ist darum ambivalent. Wir identifizieren uns mit der Familie, der Gemeinde, dem Staat und unserer Heimat, doch gleichzeitig träumen wir von Eigenständigkeit. Wir haben den Anspruch an uns selber, ein Individuum zu sein. Wir wollen nicht nur als Mitglied der Familie oder als Bürger eines Landes leben, sondern auch ein autonomes Individuum sein. Wir suchen Zugehörigkeit und den individuellen Weg. Paradox erscheint deshalb, dass wir uns nach einem eigenständigen Profil sehnen, jedoch nichts mehr fürchten als den gesellschaftlichen Ausschluss. Wir träumen dem pubertären Bruch mit dem System nach, möchten jedoch keinesfalls vereinsamen. Wir wollen uns selbst beweisen, dass wir kein Massenprodukt sind, sondern über eine eigenständige Persönlichkeit verfügen. Damit wir uns von anderen, der »Masse« oder dem so genannten Volk abgrenzen können, brauchen wir jedoch eine eigene Geschichte, persönliche Werte und individuelle Interessen.

Um unsere Eigenständigkeit zu finden, müssen wir das Kollektiv in uns erkennen und anerkennen. Es fällt uns jedoch schwer, die Stimme der Familie, der Kultur oder der Religion in uns zu hören. Die Beeinflussung von außen geschieht subtil und versteckt sich hinter scheinbar eigenständigen Gedanken. Das Kollektiv manipuliert unsere Gedanken und Gefühle. Diese Tatsache möchten wir gerne verdrängen. Nur ungern sehen wir uns als Gruppenmensch, als durchschnittlicher Herr X. aus Y. Alles, was wir an uns erleben, registrieren wir aus persönlicher und subjektiver Warte. Im Versuch, die Macht des Kollektivs in uns zu schmälern, schreiben wir uns exotische Persönlichkeitseigenschaften und Vergangenheiten zu.

»Bei mir dringt Zigeunerblut durch!«, verrät eine Frau verschmitzt und bestellt ein zweites Glas Wein. Sie beruft sich auf eine Familienlegende, der zufolge ein Urgroßvater sich in eine Zigeunerin verliebt und mit ihr ein außereheliches Kind gezeugt hatte. Das Kind wurde diskret von der Frau des Urgroßvaters in die Familie integriert. Ein Privatbankier zeigt jedem Gast ungefragt ein Werk von Joseph Beuys. Das eigenartige Bild wird nur mit Hilfe einer komplizierten Geschichte interessant, in der es um ein Fließblatt, einen hochmütigen Direktor der Tate Gallery, Beuys selbst und eine wissenschaftliche Untersuchung über Luftfeuchtigkeit geht. Die Zigeunerlegende und die Beuys-Geschichte sind Versuche, sich eine spezielle Aura zu geben. »Ich bin anders als die anderen!«, ist die Botschaft.

Vom Einfluss der Feen und Dämonen bis zum Ich-Kult

Die Hervorhebung des Ichs als Zentrum des Denkens, der Wahrnehmung und von Entscheidungen ist das Ergebnis einer langen historischen Entwicklung. Dass der Mensch zu eigenständigen Denkprozessen fähig sein soll, war nicht immer selbstverständlich.

Bei Völkern, bei denen der *Animismus* vorherrscht(e), sind es die Geister, Dämonen, Alben, Feen, Trolle und Kobolde, die uns ihren Willen aufdrängen. Wir sind diesen omnipräsenten Kräften ausgeliefert. Sie dringen in uns ein, stellen uns Fallen, verführen uns und provozieren Gewalt, Wollust und Völlerei. Diese Wesen warten an bestimmten Orten oder Gegenden auf uns. Sie sitzen in den Bergen, an Quellen, leben in Sümpfen oder verfluchten Häusern. Dank ihrer magischen Kräfte können sie uns verändern. In einem solchen animistischen Weltbild sind wir in einer osmotischen Verbindung mit der Außenwelt. Die Ich-Grenzen sind hier porös. Exerzitien und Gegenzauber mussten eingesetzt werden, um uns der Beeinflussung dieser Kräfte zu entziehen.

Geisteswissenschaftlich wurde diese magisch-animistische Haltung der Welt gegenüber durch die Hervorhebung der *Ratio* abgelöst. Der größte Kirchenlehrer des christlichen Altertums, Augustinus (354–430 n.Ch.), postulierte, dass alle Überlegungen des Ichs zur Gotteserkenntnis führen. Gott hat uns das Denken geschenkt, damit wir seine Wahrheit erkennen. Unser Denken gründet im Willen Gottes. Der französische Philosoph René Descartes (1596–1650) trennte das Denken von der Gotteserkenntnis. Er verstand den Menschen als denkendes Subjekt. Durch seine Gedanken hebt sich der Mensch von der Welt ab. Er kann über sein Leben reflektieren. Denken wurde bei Descartes zu einem autonomen Akt. Die Denkinhalte und damit auch die Frage, was richtig ist im Leben, führen nicht auf Gott zurück, sondern wir selber können entscheiden, was richtig und was falsch ist.

Diese *kartesianische Wende* hat zur Folge, dass wir uns von der Welt abgrenzen können. Wir sind nicht verschmolzen mit unserer Umwelt, sondern fähig zu unabhängigen Positionen. Wir wurden zu Wesen, die die Welt draußen kritisch erfassen und durchleuchten. Denken heißt, die Abgrenzung zur Natur und zu unseren Bezugsgruppen zu wagen und aus der Warte des Ichs zu urteilen. Wir entwickeln eine eigene Identität, durch die wir uns von der Umgebung distanzieren. Was wichtig und richtig ist im Leben, ist nicht naturgegeben, sondern muss geistig erkämpft werden. Die Dämonen können nicht mehr ihre Spiele mit uns treiben, das Denken hat sie vertrieben.

Seitdem der Mensch zum autonomen Denker deklariert wurde, rückte seine Einbindung in die Umwelt in den Hintergrund. Die Außenwelt wurde zu lebloser Materie und Gruppen wurden zu Ansammlungen von Einzelmenschen. Zum Credo wurde, das individuelle Potenzial auszuschöpfen, eigenen Fantasien nachzugehen und persönliche Talente zu realisieren. Wir können etwas aus uns machen. Nicht die Familie, die Kollegen, die Peergroup, der Berufsstand, die Kultur oder Moden determinieren unser Denken und Fühlen, sondern wir sind Herr und Meister unserer selbst. Wir bestimmen unseren Lebensweg und unser Schicksal auf der Basis eigener Gedanken, Intuitionen, Empfindungen und Gefühle.

Der Glaube an die Einzigartigkeit der Person führt dazu, dass wir den Einfluss der Umwelt unterschätzen. Natürlich gehören wir einer Gruppe an, doch *wir* sind ja anders. Wir fühlen uns als Deutscher, Schweizer, Österreicher, Hesse, Bündner oder Wiener, doch sind wir selber natürlich kein typisches Exemplar. Ich selbst bin nicht so nüchtern wie die anderen Schweizer oder so humorlos wie die anderen Deutschen. Wir definieren unsere persönliche Identität in der Abgrenzung zur Gruppe, der wir angehören. Dies betrifft nicht nur die nationale oder regionale Identität, sondern auch unser berufliches Selbstbild. Vielleicht arbeite ich als Lkw-Fahrer, Psychologe oder Lehrer, doch es versteht sich von selbst, dass neben mir auch andere Auto fahren können, dass ich den typischen Psychologenblick oder das Rechthaberische der Lehrer nicht habe. Wir erleben uns als Ausnahme von der Regel – oder zumindest vom Vorurteil, das einer Gruppe zugeschrieben wird. Niemand möchte als Massenmensch oder Kulturprodukt verstanden werden. Wir alle streben nach einem persönlichen Profil.

Die Macht der Gruppe in uns

Die Psychoanalyse mit dessen Begründer Sigmund Freud relativierte diese Überschätzung des Ichs. Sie führte den Begriff des *Unbewussten* ein. Demnach glauben wir zwar eigenständig zu denken, zu fühlen und zu handeln, in Wirklichkeit beeinflussen uns aber innere und äußere Mächte, ohne dass wir es bemerken. Die Einwirkung der Außenwelt und die inneren Instinkte werden von uns nicht erkannt. Unsere Eigenständigkeit entpuppt sich als Illusion oder rationalistische Überheblichkeit. Unsere Geschichten, unsere Triebe und Abhängigkeiten üben eine *heimliche* Macht aus. Wenn wir glauben, eigenständig und unabhängig zu denken, reflektieren wir unsere Abhängigkeiten und Beeinflussungen nicht. Wir sind auch das Kollektiv, dem wir angehören, und tragen die Geschichte der Kultur in uns, in der wir aufwuchsen.

Die Gruppen, denen wir angehören, beeinflussen unsere Entscheidungen. Wir verbreiten dagegen oft einen überheblichen Individualismus: »Parteien sind nichts für mich, ich bleibe unabhängig und selbstständig denkend!«, erklärt ein Schulratskandidat. Er realisiert dabei nicht, dass er mit seiner scheinbaren Selbstständigkeitsgeste voll im Trend liegt: Die meisten Bürger haben heute das Gefühl, dass sie sich anpassen müssten und den individuellen Willen aufgeben, wenn sie sich einer Partei anschließen würden. In seinem individuellen Entscheid folgt der Schulratskandidat einem kollektiven Muster. Dagegen ist grundsätzlich nichts einzuwenden, interessant ist jedoch, dass diese Beeinflussungen nicht erkannt werden.

Die Dämonen und Geister von damals treiben heute noch ihr Unwesen. Sie dringen bei Beurteilungen oder Ängsten durch. So haben wir panische Angst, uns durch infiziertes Rindfleisch zu vergiften, bei einem Flugzeugabsturz zu sterben oder Opfer eines Raubüberfalls zu werden. Nachweislich schlucken wir jedoch jede Woche Unmengen von Gift, ist die Fahrt zum Flughafen viel riskanter als das Fliegen selbst und die Chance, vom Partner attackiert zu werden, ist statistisch gesehen viel höher, als auf der Straße überfallen zu werden. Was wir als persönliches Anliegen oder als private Sorge erleben, entpuppt sich bei näherer Betrachtung als kollektive Hysterie. Auch hier folgen wir unbewusst den Vorgaben der Gesellschaft, halten jedoch an der Fiktion eigener geistiger Autonomie fest.

Die Angst vor der Profillosigkeit

In der Anonymität der Masse zu verschwinden ist uns ein Gräuel. Unser Selbstbild verlangt, dass unser persönliches Profil registriert wird und wir uns nicht kritiklos dem Gruppendruck fügen. Die Sehnsucht nach Exklusivität führt aber zu einem Dilemma: Wie können wir ein individuelles Image entwickeln, wenn Innen- *und* Außenmächte unsere Persönlichkeit prägen?

Auch wenn wir eine exklusive Leidenschaft wie das Sammeln von Bildern mit Gitarrenschlachten pflegen oder die Ansicht vertreten, alle Kirchen unserer Städte sollten zu Parkhäusern umgebaut werden, bleiben wir gefangen im Denkraum unserer Familie, Geschichte und unseres Freundeskreises.

Um sich von den Vorgaben einer Kultur zu distanzieren, sind schon egozentrische oder leicht autistische Persönlichkeitszüge erforderlich. So wanderte ein gewisser John Slater barfuß von John o'Groat's bis Land's End – von der nordöstlichsten bis zur südwestlichsten Spitze Großbritanniens. Er war lediglich mit einem Streifenpyjama bekleidet und wurde begleitet von seinem treuen Hund, der Wildlederschuhe trug.[17] Der Normalbürger ist für solche Aktionen nicht bereit.

Wir alle haben das Bedürfnis, uns als Differenz zum System zu definieren und gleichzeitig vom Kollektiv akzeptiert zu werden. Wir wollen uns als Individuum beweisen, ohne unsere Verbundenheit mit den verschiedenen Bezugsgruppen zu durchschneiden. Wir möchten einen Weg finden, bei dem beides möglich ist.

Der persönliche Skandal als Gruppentrend

Der persönliche Skandal bringt oft Risiken und unangenehme Konsequenzen mit sich. Es droht der Ausschluss aus der Gemeinschaft. Um solche Sanktionen zu vermeiden, wählen die meisten Menschen einen psychologischen Mittelweg. Wenn wir uns über eine Bewegung oder Szene skandalieren, die in aller Munde ist, dann können wir gegen die Gesellschaft protestieren, ohne wirklich gegen den Strom zu schwimmen. Wir passen uns einer Untergruppe an, die eine Stimmung oder ein Thema der Gesellschaft aufgenommen hat. Wir skandalieren uns dann im geschützten Raum.

Unsere Kultur produziert immer wieder Bewegungen, die es uns ermöglichen, uns als Gegenstück zur Allgemeinheit zu inszenieren: Während der Love-Parade tanzen mehrere hunderttausend Raver zu den dumpfen Rhythmen, tragen dabei ein schrilles Outfit, gestylte Haare und fühlen sich als etwas ganz Spezielles. Die Szene vibriert, signalisiert Lebensfreude, Ekstase und Ausgelassenheit. Die Parade wirkt wie eine trotzige Demonstration gegen Kleinbürgertum, Anpassung und die Banalisierung des Leben. Wir sind anders, keine kleinkarierten Spießer, schreien die Teilnehmer der Welt zu.

Betrachtet man die schlanken, sportlichen, schwabbligen oder vollschlanken Körper nur mit unscharfem Blick, dann verschwimmen die individuellen Markenzeichen. In den Wogen der Megaparty beginnt sich alles zu ähneln – die Haare, die Verrenkungen, die Farben und die Kleidung. Die scheinbar originellen Kreationen entpuppen sich als Produkte des Zeitgeistes und eines Trends. In der Love-Parade schlägt uns die Macht des Kollektivs entgegen. Die Teilnehmer passen sich einer Massenströmung an, mit der festen Überzeugung, etwas Eigenständiges zu tun. Jeder fühlt sich als Original, doch der Kontext entlarvt alle als Gruppenmenschen. Später erinnert man sich an diese verrückten Zeiten und ist überzeugt, sich *persönlich* skandaliert zu haben.

Jede Gesellschaft braucht Subkulturen, dank derer viele Menschen persönliche Skandale inszenieren können. Diese Subkulturen haben die Funktion, den Einzelnen vom oft quälenden Gefühl der Normalität zu befreien. Da sie sich als Mikrogesellschaften mit leicht anarchischem Image präsentieren, eignen sie sich für eine risikoarme Variante des persönlichen Skandals. Hier passt man sich einer Subgruppe an, hat jedoch die Illusion, man habe die »Gesellschaft« geschockt und sich auf die wilde Seite des Leben gewagt. Wir werden so nicht zu einsamen Außenseitern, erhalten jedoch trotzdem Aufmerksamkeit als Sonderfigur. Der Ausschluss aus der Gesamtgesellschaft wurde vermieden, doch der Freak in uns kam auf seine Rechnung. Haben wir erst einmal einen solchen Skandal gewagt, kann er zu einem lebenslangen Markenzeichen der persönlichen Identität werden.

Persönliche Skandale in Beziehungen

Unverständliche Handlungen

»... und *sofort* fährst du an der nächsten Autobahnausfahrt raus und stoppst. Ich steige aus!« Die Frau fordert ihren Partner ultimativ auf. Die letzten 50 Kilometer haben die beiden heftig gestritten. »Das geht doch nicht!«, antwortet der Mann etwas hilflos, »du bist meilenweit von zu Hause entfernt und außerdem können wir das Baltensbergers nicht antun!« Seine Argumente bleiben wirkungslos. Kleinlaut betätigt er den Blinker, verlässt die Autobahn, um seine Angetraute in einem gottverlassenen Nest in der Nähe von Arles auszusetzen. Auf das Wochenende bei Baltensbergers in Fréjus an der Côte d'Azur verzichtet sie. Wütend fährt der Mann weiter. Er murmelt vor sich hin, dass er sich dies nicht gefallen lasse, Änderungen angesagt seien und er nie mehr mit ihr verreisen werde. Szenen eines Streits innerhalb einer Beziehung.

Zu Beginn einer Beziehung denken wir sicher nicht daran, dass wir einmal die Partnerin nach einem Streit in der Einöde stehen lassen. Wir lassen uns auf einen anderen Menschen ein mit der Hoffnung, dass man von solch hässlichen Szenen verschont bleiben wird. Bei uns wird es nicht so weit kommen. Wir suchen nicht Streitigkeiten, Auseinandersetzungen und Konflikte, sondern eine harmonische, inspirierende, respektvolle Beziehung. Wir wollen nicht, dass Vorwürfe und Anschuldigungen den Kontakt prägen, sondern die Beziehung soll eine Möglichkeit sein, sich selber zu finden und dem Leben einen Sinn zu geben.

Partner werden bei uns kaum mehr nach ökonomischen Kriterien, zur Abrundung eines Herrschaftsgebietes oder zur Sicherung des Hofes gewählt, sondern die gegenseitige emotionale Zuwendung ist entscheidend. Die Familie, die in den meisten Kulturen bei der Partnerwahl auch mitredet, soll schweigen. Freunde werden bestenfalls befragt. Wir wählen einen Menschen zum Mann oder zur Frau, der uns erotisch anspricht, mit dem uns Gefühle verbinden und mit dem wir Lebensziele umsetzen können. Oft sind Liebesverbindungen mit hohen Erwartungen verbunden: Friede, Glück, ein erfülltes Sexualleben, Spannung und Geborgenheit.

Partnerwahlen erfolgen auf psychoemotionalen Grundlagen. Selten entscheidet der Kopf, in der Regel führt uns unsere Sehnsucht nach Geborgenheit, Lebenssinn und Erfüllung zu einem anderen Menschen. Wir orientieren uns nach einem romantischen Liebesideal. In der Anfangsphase der Beziehung werden wir mit Wünschen, Hoffnungen und Träumen konfrontiert, die sich in unserer Seele verbergen. Der innere Ozean will erkundet werden.

Die seelischen Quellen, die wir entdecken, verleihen unserem Dasein eine herausragende Qualität. Banalitäten werden zu schillernden Kernereignissen: Das Warten auf einem Bahnsteig im Bahnhof von Innsbruck, der Flug nach Neuschottland, eine zufällige Berührung oder ein bestimmtes Wort werden als überwältigende Ereignisse von der Seele aufbewahrt. Sie künden von mächtigen Energien, die unser Dasein verzaubern.

Die Gefühle und Fantasien, mit denen wir in einer Beziehung überschwemmt werden, haben zur Folge, dass man einen eigenen Weg sucht. Konventionen sind ein Gräuel, es gilt, der

Exklusivität des Daseinsgefühls gerecht zu werden. Schließlich ist man kein 08/15-Paar, sondern hebt sich in den persönlichen Zielen und Fantasien von der Masse ab. Paare sind am Anfang ihrer Beziehung unendlich egoistisch und auf sich selbst fixiert.

Das großartige Exklusivitätsgefühl

Nichts ist schrecklicher als banale Routine. Um die Qualität dieser großartigen Einstiegsfantasien in den Alltag hinüberzuretten, will die gemeinsame Zeit mit speziellen Erlebnissen begonnen werden: eine Reise zu den Kerguelen im Indischen Ozean, das gemeinsame Engagement für den Umweltschutz, nächtliche Picknicks am See oder der kreative Umgang mit der neuen Patchworkfamilie. Die Exklusivität der Beziehung wird inszeniert und nach außen kommuniziert.

Hochzeiten sind eine besonders gute Möglichkeit, auf die eigene Exklusivität hinzuweisen. Heiratsfeiern lösen darum oft einen Originalitätsschub aus. Geheiratet wird unter Wasser, während eines Fallschirmabsprungs, unter einer keltischen Linde, ohne lästige Familie in Las Vegas, mit der Familie auf einer Alm oder in einem ausgesprochen exklusiven Restaurant. Das Paar ist bestrebt, eine separate Identität zu bilden.

Die Tendenz zur Überhöhung einer Beziehung hat tiefere psychologische Gründe. Analysieren wir lebenswichtige Entscheidungen, erkennen wir, dass wir uns dabei oft stark von Fantasien beeinflussen lassen. Die Kraft zu existenziellen Entscheidungen finden wir nicht durch realistische Analysen und nüchterne Überlegungen, sondern dank *Visionen*. Unsere Imaginationen helfen uns weiter und zeigen den Weg, wenn es neblig wird. Wir stellen uns etwas vor und lassen uns durch dieses Bild motivieren. Wenn wir uns verlieben, unsere Leidenschaft in uns aufbricht, dann werden wir durch wunderbare

Ideen über das Leben beseelt. Die Erwartungen, dass sich ein Teil dieser Fantasien erfüllt, treiben uns weiter. Eine Beziehung wird selten aufgrund rationaler Überlegungen begonnen.

Vernünftig wäre, am Anfang einer Beziehung eine psychodiagnostische »Untersuchung« durchzuführen. Dank einer umfassenden Persönlichkeitsanalyse und einer Befragung der Freunde und Eltern wären die Chancen einer Beziehung relativ gut abzuklären. Die Psychodiagnostik könnte eruieren, wer zu wem passt. Doch auch bei vermittelten oder durch Heiratsinstitute arrangierten Beziehungen rechnen wir mit der romantischen Komponente: Beim ersten Treffen haben wir vier Stunden ohne Unterbrechung miteinander geredet. Ich wusste gleich, dass er der Richtige war, die außerordentliche Energie zwischen ihm und mir hat mich überzeugt.

Unsere Seele will getäuscht werden. Was man sich *vorstellt,* ist wichtig, und nicht, wie es wirklich ist. In Beziehungen werden Träume ausgedrückt und gelebt. Die Natur hat sich unseren Fantasien zu fügen und nicht wir der Natur. Bei Beziehungen hat dies zur Folge, dass das Exklusivitätsgefühl gepflegt wird und Träume respektiert werden. Die Beziehung wird zu einer Insel, von der aus die Umwelt interpretiert wird. Sie bildet den Referenzpunkt des eigenen Denkens und Handelns.

Diese duale Wirklichkeit entwickelt spezifische Interaktions- und Lebensformen. Beim Sprechen entwickelt das Paar einen Privatcode.[18] Es kreiert eigene Sätze und Wörter. Oft wird das private Beziehungsfeld neu definiert. »Wieso verbringst du eigentlich noch Zeit mit diesem Menschen, er passt doch gar nicht zu dir!«, flüstert eine Frau ihrem Mann zu, als dieser sich über einen Freund aus der Militärzeit beklagt.

Die Familie, die Gesellschaft, die Arbeitswelt und die Freizeit werden jetzt mit anderen Augen gesehen. Neue Prioritäten werden gesetzt. Einem Paar sind ausgiebige Ferien im Süden wichtig. Er verzichtet dafür auf seine Bikertouren in den Alpen und sie auf ihre Schlammkuren in Italien. Ein anderes Paar kultiviert den Besuch feiner Restaurants; vorbei sind die Tage, wo man sich mit Spaghetti Bolognese begnügte. Die Bewertungen anderer Menschen gleichen sich an. Manieren werden geschätzt, der Ideenreichtum eines Menschen, die Sportlichkeit oder sein Aussehen.

Oft folgt die Wahrnehmung ähnlichen Mustern. Beim Sehen, Hören, Riechen und Tasten passen sich die Partner an. Empört beschwert sich zum Beispiel ein Paar über die »völlig verdreckte« Bettwäsche im Hotelzimmer, während ein anderes nichts bemerkt. Beim ersten Paar haben sich beide unabhängig voneinander geärgert, beim zweiten haben beide gelassen reagiert. Der gemeinsame Code ist beim ersten Paar auf Hygiene ausgerichtet, während das zweite Paar bei unfreundlicher Bedienung reagiert. Der gemeinsame Wahrnehmungscode hat zur Folge, dass die Umwelt selektiv wahrgenommen wird. Man beginnt sich auf jene Objekte zu konzentrieren, die dem eigenen Code entsprechen. Sind dem Paar Kinder wichtig, dann wimmelt es in ihrer Welt von Kindern, interessiert es sich für Architektur, dann sehen sie überall gelungene, missratene oder problematische Gebäude. Was außerhalb dieses Codes liegt, wird kaum registriert.

Die duale Wirklichkeit als Chance und Gefahr

Die Gefahr besteht, dass sich das Paar in einer Eigenwelt einschließt. Da man die Exklusivität der Beziehung genießt, werden Informationen, die der dualen Wirklichkeit widersprechen, nicht wahrgenommen. Gewisse Gefühle, Empfindungen, Sehnsüchte und Bedürfnisse haben in der Beziehung keinen Platz. Sie werden ignoriert oder gemeinsam abgewehrt. Die duale Wirklichkeit soll nicht durch unangenehme, lästige oder sogar peinliche Themen irritiert werden. Die romantische Insel will vor Außeneinflüssen geschützt werden. Es gilt, die wunderbare Exklusivität der Beziehung zu erhalten.

Da die Einstiegsfantasien nicht hinterfragt werden dürfen, werden problematische Eigenschaften der Partner übersehen. Wieso hat mein Mann eigentlich keine Freunde? Warum äußert sich meine Partnerin immer nur schlecht über andere Menschen? Die Partnerin erkennt nicht, dass sich ihr Angetrauter zu einem oberflächlichen Menschen entwickelt hat, der Mann verwechselt das ordinäre Verhalten seiner Freundin mit künstlerischem Temperament. Was die Beziehung und den gemeinsamen Lebensstil bedroht, wird ausgeklammert. Alles ist doch gut, wird zum gemeinsamen Mantra.

Die Gefahr droht, dass ein Teil der Persönlichkeit nicht erfasst wird. Es entsteht ein Paarmythos, der kritische Gedanke nicht zulässt. Die duale Wirklichkeit des Paares wird zu einem mentalen Kerker. »Ich würde meinen Freund nur verletzen, wenn ich ihm sage, dass mir seine vegetarischen Menüs nicht zusagen.« Eine solche Einstellung hat zur Folge, dass einzelne Themen verleugnet oder ins Unbewusste verlagert werden.

Die verdrängten Fantasien klopfen jedoch weiterhin an die Türen der Paarfestung und melden sich als kleine Dämonen, als ärgerliche, irritierende und unpassende Gedanken und Gefühle. Da sie die duale Wirklichkeit gefährden, wollen wir sie möglichst rasch loswerden.

»Mein Mann könnte ein bisschen männlicher sein!«, denkt eine Frau still für sich, als ihr Freund nach ihrem Weinanfall nicht wütend wird, sondern sich beleidigt zurückzieht. Empfindungen und Gedanken drängen sich auf, die man selber nicht wahrhaben will. »Eigentlich plappert sie nur die Meinungen anderer nach!«, denkt ein Mann, als er mit seiner Freundin diskutiert. Aus Liebe zur Partnerin schiebt er diese

Beobachtung aber sogleich zur Seite. Ein Dämon hat sich jedoch in seinem Kopf eingenistet und den Exklusivitätsanspruch in Frage gestellt. Trotzdem werden diese Stimmen zum Schweigen gebracht.

Es gibt verschiedene Strategien, Beziehungsdämonen zu verscheuchen.

Soziale Aktivitiäten als Antwort

Eine verbreitete Reaktionsart ist das *Ausweichen.* Den unangenehmen Gefühlen und Fantasien wird aus dem Weg gegangen. Der oder die Betreffende setzt sich nicht mit dem Inhalt auseinander, sondern wechselt zu einem anderen Thema oder einer anderen Szenerie. Beim Ausweichen sind beide Partner bestrebt, den Schein der Harmonie zu erhalten. Einen Dissens darf es nicht geben, weil dadurch Emotionen hochkommen oder das eigene Paarbild in Frage gestellt wird.

Eine beliebte Ausweichmöglichkeit ist die *Extraversion,* die Pflege eines intensiven Gesellschaftslebens. Klatsch und Tratsch werden wichtig, ebenso vermehrte Verabredungen mit Kollegen, Besuche von Vernissagen oder die Teilnahme an Szeneveranstaltungen. Kinder rücken ebenfalls ins Zentrum. Man gefällt sich in Erzählungen über die grandiosen Abenteuer des Sohnes in Ägypten, die phänomenalen musikalischen Begabungen der Tochter oder zeigt den Besuchern ein Video aus den Ferien in Andalusien. Droht der Gesprächsstoff auszugehen, helfen Tiraden über die Schule oder die Politik. Soziale Betriebsamkeit hilft die Stimmen der Dämonen zu übertönen und die duale Wirklichkeit zu erhalten.

Bei dieser Reaktionsvariante ist wichtig, mit welchen Personen der soziale Kontakt gepflegt wird. Personen, die einen zu gut kennen und Kommentare zur eigenen Befindlichkeit wagen, werden ausgeschlossen. Eltern, Geschwister oder gute Freunde werden deshalb lieber auf Distanz gehalten. Dagegen werden verstärkt Kontakte mit Vereinsmitgliedern, Nachbarn, Kollegen, entfernteren Freunden oder Geschäftspartnern gesucht.

Lebt ein Paar dieses Muster, dann wirken soziale Kontakte wie eine Droge. Der Klatsch aus der Nachbarschaft wird regelrecht verschlungen, um von sich selber abzulenken. Geschichten der Außenwelt dienen dazu, eigene Schattenkräfte zu bannen. Ein Nachbar wird als Macho abqualifiziert, um der Partnerin zu signalisieren, dass man sich von solchem männlichem Gehabe distanziert. Einer Kollegin werden außereheliche Eskapaden unterstellt, um von eigenen erotischen Fantasien abzulenken. Erfolgreiche Beziehungen entwickeln oft ein Arrangement, das ein glückliches Zusammenleben ermöglicht. Die Dämonen müssen dann nicht thematisiert werden. Es genügt, wenn das Abwehrverhalten funktioniert.

Distanz als Voraussetzung zum Glück?

Die beiden hatten den Ruf, das ideale Paar zu sein. Sowohl die Familie wie auch Freunde sahen in ihnen den Beweis, dass eine Beziehung auch über längere Zeit spannend sein kann. Bei sozialen Anlässen spürte man ihre emotionale Verbundenheit und ihre Zuversicht. Auffallend war, wie rücksichtsvoll sie miteinander umgingen. Aus beruflichen Gründen musste er während der Woche in einer anderen Stadt arbeiten. Nur die Wochenenden gehörten ihnen zusammen. Seit Jahren beklagten sie sich, dass sie sich nicht häufiger sehen konnten. Die ständigen Trennungen erlebten sie als mühsam.

Endlich wurde die frühzeitige Pensionierung bewilligt, um die er sich schon lange bemüht hatte. Sie lebten nun die ganze

Woche zusammen. Nach einem halben Jahr trennte sich das Paar im Streit. Im Nachhinein stellte sich heraus, dass das Arrangement, das sie über viele Jahre getroffen hatten, ihnen geholfen hatte, sich gegenseitig zu ertragen, die Dämonen zu bannen.

Beglückung durch Reisen

Neue Länder, Städte kennen zu lernen oder sich an exotischen Gestaden aufzuhalten, erleben wir als die schönste Zeit des Jahres. Ferien helfen die banale Alltagsroutine oder einen tristen Wohnort zu ertragen. Die Menschen der westlichen Welt haben das Privileg, sich einige Wochen pro Jahr der Urlaubsmuse hinzugeben. Während des Urlaubs hat man Zeit füreinander, kann aufeinander eingehen und das Leben genießen. Oft sind Ferien auch die Zeit, in denen wir uns intensiver der Beziehung widmen. Ferien sind jedoch auch die Zeit, wo wir uns verändern. Wir verhalten uns oft nicht so wie zu Hause. Wir kommen in einen anderen Denk- und Gemütszustand, unser kritisches Reflexionsvermögen und unsere nüchterne Arbeitseinstellung lassen wir daheim.

Wir dürfen uns auf eine private Oase zurückziehen und die Welt in rosaroter Verblendung bestaunen. Da wir an unseren Urlaubszielen weder politisch noch sozial eingebunden sind, berühren uns wirtschaftliche Schwierigkeiten oder politische Probleme nur am Rande. Auch wenn wir es nicht zugeben: Für die Probleme der Menschen vor Ort bringen wir oft nur ein oberflächliches Interesse auf. Das Problem der Bandenkriminalität in Los Angeles oder des Niveaus der High-Schools registrieren wir während eines Kalifornienaufenthalts nur partiell, wie wir auch bei Spaziergängen an der Copacabana den Zuständen in den Favelas und der korrupten brasilianischen Polizei höchstens temporär unsere Aufmerksamkeit schenken.

Der Tourist hat das Privileg, sich aus der Umgebung herauszupicken, was seine Fantasien anregt oder was ihm einen Lustgewinn verspricht. Er darf aus distanzierter Position das Treiben um sich beobachten, mit dem sicheren Gefühl, ein Ticket für den Rückflug in der Tasche zu haben. Als Fremde dürfen wir die Umgebung romantisch überhöhen. Spontane Kulturanalysen sind möglich. »Unglaublich, dieses pulsierende Leben in der zerfallenden Pracht. Die Bewohner Havannas strahlen für mich eine tiefe, innere Glückseligkeit aus. Sie sind noch nicht durch Profitdenken und Leistungsdenken verdorben!«, diagnostizierte mir gegenüber eine 30-jährige Frau nach einem zweiwöchigen Trommelkurs auf Kuba. Im Ausland sind wir oft fasziniert, begeistert oder irritiert von der Exotik, die wir wahrnehmen.

Das Fremde hat jedoch auch mit uns selbst zu tun, es spricht verborgene Teile unserer Persönlichkeit an. Eigenschaften und Fähigkeiten, zu denen wir während unseres normalen Lebens keinen Zugang finden, dringen an die Oberfläche. Wir erleben uns neu. Im Karneval von Rio mischen wir uns unter die Menge und tanzen Samba, während wir beim heimischen Dorffest nicht einmal wagen, die Melodie nachzusingen, die eine Kapelle intoniert.

Beziehungen werden vertieft, wenn ein Paar gemeinsam die Ferien verbringt. Dank exotischer Erlebnisse wird die Exklusivität der Beziehung bestätigt. Von beglückenden Ferienerlebnissen zehrt das Paar dann auch im Alltag. Im Hinblick auf den persönlichen Skandal sind Ferien aber auch tückisch. Sie können auch eine andere Bedeutung bekommen.

Ferien dienen auch der Ablenkung. Wir widmen uns der Exotik, um den eigenen Schatten und der persönlichen Lebenssituation auszuweichen. Das Reisen mutiert zu einer Ersatzhandlung. Das Verführerische am Reisen ist, dass es uns existenziell herausfordert, ohne dass wir psychologisch betroffen sind. Je hektischer, desto besser: Staus auf der Autobahn, Gedränge vor den Check-in-Schaltern oder verspätete Züge vermitteln das Gefühl, wirklich etwas zu tun, wirklich im Leben zu stehen. Die Energien, die wir zur Bewältigung der vergleichsweise banalen Schwierigkeiten mobilisieren, gelten auch der Bannung der eigenen Dämonen. Sie werden neutralisiert, indem wir stundenlang die Qualitäten der Hotels vergleichen, die günstigsten Flugpreise herauszufinden versuchen oder uns in Kulturanalysen verlieren: Die Italiener sind »alle so fröhlich«, die Tuareg in Afrika kennen noch den Sinn des Lebens oder die Bewohner der Grafschaft Mayo in Irland leben noch wirklich naturverbunden.

Durch die Hinwendung zu anderen Kulturen werden heikle Themen und bestehende familiäre Schwierigkeiten ausgeblendet. Das Reisen ermöglicht eine zeitweilige *Entproblematisierung* unseres Daseins: Die Beziehung zu den Eltern, die Karriere oder die Auseinandersetzung mit der eigenen Vergangenheit bleiben zu Hause. In den Straßen von Catania treffen wir kaum auf die problematische Schwiegermutter und der Weihnachtsbummel in New York erspart uns den vorweihnachtlichen Familienstress im trauten Kreis der Lieben. Am Urlaubsort verharren wir in unwissender Glückseligkeit oder narzisstischer Selbstbeschäftigung.

Sich im Kreise drehen: Stillstandsrhetorik

Ein weiteres Reaktionsmuster bei Beziehungen, bei denen der Exklusivitätsstatus bedroht ist, ist die *Lähmung*. Der Konflikt wird hier nicht angesprochen, das Paar paralysiert sich selbst. Was nicht sein darf, das gibt es auch nicht. Das Paar verharrt in einer Problemdefinition, die den Status quo zementiert, und kreiert eine *Stillstandsrhetorik*. Da das Bewusstsein Stagnation eigentlich nicht zulässt, bedient sich das Paar gesellschaftlich anerkannter Zusammenhänge, um die Lähmung zu begründen. Metaphern und Argumente des öffentlichen Diskurses werden zitiert, wenn es um die eigene Befindlichkeit geht. Man sieht sich als Opfer. Am eigenen Zustand sind andere schuld. Alles wäre besser, wenn die eigene Kindheit glücklicher gewesen wäre, die Beziehung zu den Eltern oder die Lebenssituation anders wäre.

Es wird in gesellschaftlichen, psychohistorischen oder gesamtfamiliären Kategorien gedacht. »In der Schule habe ich gelitten, weil ich damals ein hoch begabtes Kind war, wie es heute in den Zeitungen steht.« Von den Medien postulierte Problemanalysen werden auf die persönliche Situation übertragen. »Natürlich geht es mir schlecht, seit der Fluglärm wegen der Sperrung der Startbahn Nord dermaßen gestiegen ist«, oder: »Klar halte ich den Alltag als Mutter nicht aus, wenn die Stadt dir keinen Krippenplatz zuweisen kann«. Außenursachen werden zitiert, um die persönliche Lähmung zu verdecken. Die Nachbarn, die Stadt, die Schwiegereltern, die berufliche Situation, die Wohnung, das Geschäft oder die Politik müssen als Begründung herhalten.

Das Paar wendet sich nicht sich selber zu, sondern setzt die Energie für Schuldzuweisungen ein. Das Hier und Jetzt wird gemieden. Oft werden vergangene Ereignisse wieder in Erinnerung gerufen, müssen Beziehungen aus der Kindheit als Ursache aktueller Probleme herhalten:[19] »Wenn ich damals von den Eltern aufgefordert worden wäre, das Abitur zu machen, dann hätte ich Biochemie studieren können, sodass mir heute viel mehr berufliche Möglichkeiten offen stehen würden«, erklärt eine 40-jährige Frau ihrem Mann, als sie ihm von der Chancenlosigkeit eines beruflichen Wiedereinstiegs überzeugen will. Beide klammern sich an diese Erklärung, um eine aktuelle Beziehungsstagnation zu verdecken.

Oft entwickeln sich retrospektive Abhängigkeiten, um von aktuellen Beziehungsherausforderungen abzulenken. »Das Vertrauen in Beziehungen habe ich wegen dem fiesen Verhalten meines Exs verloren!«, schmettert eine Frau ihrem neuen Partner ins Gesicht und platziert ihn damit ins Szenarium ihrer gescheiterten Ehe. Indem sie die Beziehung zu ihrem Ex für ihre psychische Verfassung und ihre eigene Beziehungsunfähigkeit verantwortlich macht, begibt sie sich in eine Abhängigkeit von ihm. Vergangenheitsfragmente und wirkliche oder scheinbare Traumata lenken von der Bewältigung aktueller Probleme ab.

Die Betreffenden definieren sich als Opfer von böswilligen Taten der Außenwelt oder der Vergangenheit. Das Opferschema kann jedoch unbewusst als *Ausweichstrategie* gewählt werden, um von inneren Dämonen abzulenken. Eigentlich wäre es an der Zeit, die aktuelle Beziehung anzusehen. Um einem möglichen Drama vorzubeugen und die duale Harmonie zu erhalten, wird der Opferstatus beibehalten

Die Flucht ins Sozialleben, die Stillstandsrhetorik und der Opferstatus sind Reaktionsmuster, wenn ein brisantes Thema in einer Beziehung nicht angesprochen wird. Um die Fiktion der »guten Beziehung« aufrechtzuerhalten, lässt man sich auf ein Täuschungsmanöver ein. Das Exklusivitätsgefühl, die Harmonie, das gegenseitige Verständnis und die Vorstellung, mit dem Partner oder der Partnerin das große Los gezogen zu haben, dürfen nicht in Frage gestellt werden.

Täuschungsmanöver in Beziehungen können jahrelang erfolgreich sein. Oft gibt es keinen erkennbaren Grund, die psychologische Wahrheit ans Licht zu bringen. Das Paar lebt glücklich im gegenseitigen Missverständnis. Die verdrängten Themen können jedoch mächtiger werden. Sie drohen gewohnte Verhaltensmuster zu sprengen. Die ausgesperrten Dämonen, sei es ein Bedürfnis, ein Gefühl, eine Wahrnehmung oder eine Persönlichkeitseigenschaft, verlangen nach Einlass. Der Boden zum persönlichen Skandal ist gelegt.

Skandale in Beziehungen

Zurück zur Frau, die aus dem Wagen ihres Mannes gestiegen ist. Leicht verwirrt, unschlüssig und mit nur 1 000 Francs in der Tasche steht sie nun vor Arles. Wieso habe ich das getan? Wieso habe ich von meinem Mann ultimativ verlangt, dass er mich hier in der Provinz aussteigen lässt? Sie hat ein schlechtes Gewissen und überlegt, ob sie nicht doch rasch mit dem Handy ihren Mann anrufen und ihn bitten soll, sie wieder abzuholen. Die Nummer ist bereits eingetippt.

Langsam dämmert ihr, dass es hatte so weit kommen *müssen*. Sie musste diese extreme Handlung tun und ihren Mann in Rage versetzen, damit eine Blockade in der Beziehung gelöst wird. Sie musste dem Dämon in ihr gerecht werden und den Beziehungskerker sprengen. Das Verdrängungsspiel, das sie pflegten, hat nun ein Ende. Jahrelang hatte sie auf ihn eingeredet, ihn versucht zu überzeugen, dass sie gemeinsam eine Therapie beginnen oder er mehr über seine Gefühle redet. Ihr Mann war jedoch absolut veränderungsresistent. Ihre Rede hat er als weibliches Nörgeln empfunden. Er hat zwar versucht, ihr täglich zehn Minuten zuzuhören, doch durfte dies nicht seinen gewohnten Tagesablauf stören. Bewegt hat sich in der Beziehung nichts. Stattdessen pflegten sie ausgiebig ihr Sozialleben. Die Einladung bei Baltensbergers hatten sie schon vor fast einem Jahr erhalten. Sogleich haben sie und ihr Mann den Bekannten gegenüber betont, wie gerne sie an die Côte d'Azur fahren. Bootsfahrten, Golfen und gemeinsame Abendessen waren angesagt.

In ihr regte sich jedoch Widerstand. Ihre Beziehungsthemen wurden durch die Partys, Reisen und sozialen Kontakte in den Hintergrund gedrängt. Man funktionierte, war aktiv, doch die Beziehung, die duale Wirklichkeit, die Harmonie durften nicht hinterfragt werden. Sie und ihr Mann klammerten sich an das Image, das sie selbst pflegten: Wir sind ein lässiges, offenes und unproblematisches Paar. Außenkontakte und die Meinungen anderer Leute sind uns wichtig.

Sie spürte, dass die diversen gesellschaftlichen Kontakte und der Einladungsreigen zu einem Zwang geworden waren. Sie musste etwas Extremes tun, um dieses Muster zu durchbrechen. Es ging nicht anders: Die Einladung eines Paares aus der Designerszene kurzfristig auszuschlagen, war eine gute Gelegenheit. Statt im Hafen von Cannes an einem Pernod zu nippen und »dabei« zu sein, stolperte sie nun eine Landstraße entlang. Die Bekannten zu brüskieren, war ihr egal. Etwas in ihrer Beziehung erforderte jetzt volle Aufmerksamkeit.

Ihr Mann denkt nur an seinen Beruf als Chefeinkäufer eines Modehauses und an seine Militärabzeichensammlung. Sein Humor ist zum leeren Witzeklopfen verkommen. Wann hat sie das letzte Mal einen unanständigen Liebesbrief von ihm in ihrer Tasche entdeckt? Vieles, was die Beziehung früher auszeichnete, war nicht mehr vorhanden. Sie fühlte sich isoliert. Da sie ihren Partner jedoch liebte, klammerte sie sich immer an die Selbstdefinition des unkomplizierten Paares. Unbewusst realisierte sie, dass sich etwas ändern musste. Sie weigerte sich, die Banalisierung ihres Lebens zu akzeptieren und sich in oberflächlichen gesellschaftlichen Kontakten und Gesprächen zu verlieren.

Mit anderen Worten: Die Frau hat sich in ihrer Beziehung *skandaliert*. Die Forderung an ihren Mann, sie nahe der Provinzstadt stehen zu lassen, war für sie emotional wichtig. Sie *musste* es ihrer Seele und der Beziehung zuliebe tun. Der Dämon, der ihr subversive Gedanken einflüsterte, zwang sie zum Handeln. Sie brach ein Beziehungstabu.

Persönliche Skandale in Beziehungen sind Handlungen oder Worte, die das bisherige Beziehungsmuster sprengen oder Tabus brechen. Ein Skandal in einer Beziehung zielt auf das *Explosionspotenzial* des Gegenübers oder beider Partner ab. Vernachlässigte Themen werden durch das irritierende, störende oder einfach unangepasste Verhalten an die Oberfläche gebracht. Plötzlich ist sie da, die lange verheimlichte Fantasie, die versteckte Affäre, die verdrängte Wut oder die kaschierte Frustration. Durch den persönlichen Skandal werden ausgeklammerte Affekte angesprochen. Er löst Empörung, Entsetzen, Erleichterung, Erstaunen oder Kopfschütteln aus. Die Energien, die der Verdrängung dienten, manifestieren sich in der Aufregung. Dabei werden die Fesseln der Konventionalität durchschnitten. Der Schritt auf die wilde Seite des Lebens wird gewagt. Skandale in Beziehungen sind *Durchbruchshandlungen*, die Illusionen zerplatzen lassen und die die Exklusivität einer Beziehung radikal hinterfragen. Plötzlich sieht alles ganz anders aus. Skandale in Beziehungen können für die beteiligten Personen eine Herausforderung, eine neue Chance sein. Leider sind sie oft nur schwer zu verkraften.

»Mein Leben ist eigentlich eine lange Erfolgsstory!«, dachte sich der 49-jährige Reifenhändler. Bis zur Mitte seines fünften Lebensjahrzehnts hatte er sich vor allem seinem Beruf gewidmet, er galt als erfolgreicher Unternehmer und hatte das Leben genossen. Mit 46 verliebte er sich in eine 15 Jahre jüngere Frau. Es war die Liebe seines Lebens. Sie verbrachten wunderbare Monate miteinander und beschlossen schließlich zu heiraten. Ein großes, wunderschönes Einfamilienhaus wurde am Zürichsee nach gemeinsamen Bedürfnissen und Vorstellungen erstellt. Sein alter Wunsch nach einem Kind ging auch in Erfüllung. Seine Freundin gebar ihm einen Sohn. Er verkaufte den Großteil seines Geschäftes seinem Partner und reduzierte seine Aktivitäten, damit er sich ausgiebig dem Kind widmen konnte.

Zwei Monate, nachdem sie ins frei stehende, abgelegene Haus einzogen waren, verlangte sie ein ernstes Gespräch: Sie werde zu ihrem Liebhaber ziehen und außerdem sei das Kind nicht von ihm.

Schattenkämpfe

Durch den persönlichen Skandal wendet sich das Paar einem Schattenthema zu, jenem Teil der Persönlichkeit, den das Bewusstsein ausblendet. »Jedermann ist gefolgt von einem Schatten, und je weniger dieser im bewußten Leben des Individuums verkörpert ist, um so schwärzer und dichter ist er. Wenn eine Minderwertigkeit bewußt ist, hat man immer die Chance, sie zu korrigieren. (...) Aber wenn sie verdrängt und aus dem Bewußtsein isoliert ist, wird sie niemals korrigiert. Es besteht dann überdies die Gefahr, daß in einem Augenblick der Unachtsamkeit das Verdrängte plötzlich ausbricht.«[20]

Nicht nur der einzelne Mensch, auch Paare haben ihren Schatten. Durch das gemeinsame Leben werden bestimmte Themen ausgeblendet. Die Exklusivität fordert ihren Tribut. Wenn ein Schattenthema ans Licht gebracht wird, muss es jedoch nicht zu einem Fiasko kommen, oder hoch dramatisch verlaufen. Oft genügt ein Wort oder eine scheinbar schlichte Frage.

Ein 35-jähriger Informatiker war stolz auf eine gut bezahlte Stelle in einer Rückversicherungsgesellschaft, verfügte über beste Karriereaussichten und hatte mit Frau und Kind soeben eine wunderbare Fünfzimmerwohnung in einem der schönsten Viertel Winterthurs bezogen. Er kehrte jeweils spätabends heim, erfreute sich noch zehn Minuten an seinem bald zweijährigen Sohn und erzählte beim Essen über die Arbeit in der Versicherung. Während seine Frau die Küche reinigte, widmete er sich zur Entspannung seiner riesigen Modelleisenbahn, die das Wohnzimmer dominierte. Seine Frau fügte sich seiner Lebensvorstellung. Auch für sie war mit der Kleinfamilie ein lang gehegter Wunsch in Erfüllung gegangen.

Eines Abends, nachdem er ausgiebig eine neue Lokomotive ausprobiert hatte, erkundigte sich seine Frau schüchtern, ob sie ihm eine Frage stellen könne, er dürfe jedoch nicht wütend werden. Ohne sie eines Blickes zu würdigen, murmelte er: »Sicher, kein Problem.« Innerlich war er bereits bei seiner Gutenachtlektüre *Eisenbahnbrücken in Indien.* Sie möchte gern einem Swingerclub beitreten und eine Orgie erleben, teilte sie ihrem Ehemann mit. An diesem Abend konnte sich der Informatiker nicht besonders gut auf seine Lektüre konzentrieren.

Möglicherweise wollte sie sich gar nicht an einer Orgie beteiligen. Mit ihrem Wunsch überschritt sie jedoch eine Grenze. Sie konnten ihren Mann aus seiner Gemütlichkeit und Selbstzufriedenheit herausreißen. Sie löste einen kleinen Beziehungsskandal aus. Die drohende Langeweile und nüchterne Routine der Beziehung mussten durchbrochen werden. Unbewusst wollte sie sich ihrem Partner gegenüber neu definieren. Sie wollte die Rolle der etwas braven und biederen Hausfrau ablegen und ihre laszive Seite leben. Der persönliche Skandal in der Beziehung war wichtig, damit das Weltbild ihres Mannes auf den Kopf gestellt werden konnte und sie nicht nur als Hausfrau und Mutter definiert wurde. Keine große Handlung und kein Drama waren notwendig. Es genügte das passende Wort zum richtigen Zeitpunkt.

Persönliche Skandale ereignen sich, wenn wir das Gefühl haben, alles sei unter Kontrolle. Vor allem Männer neigen dazu,

Beziehungen zu institutionalisieren und die Partnerin als Teil des Inventars zu betrachten. Sie vergessen, dass eine Beziehung nur lebt und bestehen kann, wenn man sich jeden Tag von neuem mit seiner Partnerin auseinander setzt und versucht, ihre Gefühle und Gedanken zu ergründen. Unsere Seele reagiert, weil für sie Harmonie und Normalität auf Dauer unerträglich sind. Der Skandal will verhindern, dass wir uns in einer Beziehung bequem einnisten. Wenn alles nach unseren rationalen Ideen abläuft, droht Langweile und wir reagieren aus der Tiefe unserer Seele. Wir suchen die Belebung durch den Kick.

Warnsignale

Skandale in Beziehungen kündigen sich an. Fehlleistungen und kleine Hinweise weisen auf das bevorstehende Ereignis hin. Wir sagen oder tun etwas, das uns zunächst nicht besonders auffällt, doch rückblickend sich als Ahnung herausstellt.

Nach einer längeren Indienreise traf eine junge Frau endlich wieder ihren Lebenspartner. Obwohl die Trennungszeit für sie schwierig war, hatte sie ihren Freund während der drei Monate kaum vermisst. Sie deutete dieses Gefühl mit ihrem Unabhängigkeitswillen und der Tatsache, dass sie während der getrennten Zeit sehr viel erlebte. So freute sie sich aufrichtig auf den Moment, ihn wieder zu sehen. Als sie ihren Freund auf dem Flughafen zum ersten Mal wieder vor sich sah, gingen ihr spontan die Worte durch den Kopf: »Nein, nicht wieder.« Sie waren ihr unverständlich. Sie verdrängte sie sofort und genoss die Vertrautheit, die Geborgenheit und die Worte ihres Partners. Schließlich waren sie schon seit über sechs Jahren zusammen und hatten sich wirklich gern.

Ein Jahr später zerschmetterte sie in der Küche vier wertvolle Teller und schrie ihren Freund an, sie könne seine Visage nicht mehr ertragen. Seine Coolness hielt sie nicht aus, sie wollte seine Emotionen spüren oder wenigstens ein harsches Wort hören. Sie wollte keinen dressierten Mann, sondern einen ebenbürtigen Kontrahenten. Sie ärgerte sich über seine Unterwürfigkeit. Die Beziehung war ganz auf Konsens ausgerichtet. Ihr persönlicher Skandal war ein Versuch, sie zu beleben.

Der Skandalierer sucht den Skandal nicht bewusst, sondern seine Psyche handelt *autonom*. Unsere Handlungen sind nicht nur rational gesteuert, unsere Überlegungen und Entscheide werden auch von Prozessen begleitet, die im Dunklen der eigenen Psyche ablaufen. Dieses primärprozesshafte Denken umfasst Gedanken, Empfindungen und Gefühle, die wir mit uns herumtragen, die jedoch vom Ich nicht erfasst werden. Trotzdem üben sie Einfluss auf unsere Persönlichkeit aus. Sie stören oder beleben uns.

Man sitzt im Wohnzimmer. Plötzlich kommt einem in den Sinn, dass man das Ablaufdatum des Passes im Büro nebenan kontrollieren sollte. Auf dem Weg dorthin läutet das Telefon, ein kurzes Gespräch folgt. Nun steht man im Büro und weiß, dass man dort etwas erledigen wollte. Das Gefühl ist präsent, doch der Inhalt ist entfallen. Wir weichen aus in Ersatzhandlungen: Der Tisch wird aufgeräumt, ein Brief frankiert oder eine Telefonnotiz gelesen. Wir wissen jedoch, dass wir eigentlich etwas anderes vorhatten. Im Unbewussten ist der ursprüngliche Gedanke gespeichert. Wir können ihn aber nicht verbalisieren. Fällt uns die ursprüngliche Idee wieder ein, kommt es zu einer spontanen Erleichterung. *Das* war's! Ein solches Erlebnis zeigt, dass unser Bewusstsein einen unbewussten Gedanken erfasst hat.

Ähnlich verhält es sich bei den Vorstadien der persönlichen Skandale: Im Unbewussten braut sich etwas zusammen und beeinflusst uns. Wir werden unruhig und merken oft lange nicht, was uns umtreibt. Der effektive Skandal hat meistens eine lange

Vorgeschichte. Wir spüren, dass etwas ansteht, wissen jedoch nicht, was. Wir lassen uns zu diversen Handlungen und Äußerungen hinreißen, lassen Luftballone aufsteigen, um zu einem einleuchtenden Erlebnis zu kommen. Der Partner oder die Partnerin muss dafür herhalten, die eigene Gefühlswelt zu ergründen. Wir schocken ihn oder sie in der Hoffnung, dass Emotionen in uns und um uns ausbrechen. Wir wollen von unserer Unruhe befreit werden und uns mit dem unbewussten Thema konfrontieren.

Als Geburtstagsgeschenk wünschte sich eine Frau von ihrem Freund, dass er sie ohne ihn feiern ließ. Sie wollte ihren 30. Geburtstag mit ihren Freundinnen feiern. Er sollte das Essen zubereiten und dann diskret verschwinden. Weil er sie gern hatte und die Beziehung auf partnerschaftlicher Kooperation basierte, willigte er ein. Zuerst freute sie sich, dann wurde sie jedoch zunehmend ärgerlich. Sein liebes, zuvorkommendes Verhalten begann sie paradoxerweise zu irritieren. Wieso lässt er sich dies gefallen? Konnte er nicht auf den Tisch klopfen und sie zur Räson bringen? Monate später, nachdem sie sich längst getrennt hatten, realisierte sie, dass sie den Macho in ihm wecken wollte. Ein politisch unkorrekter Gedanke drängte sich in ihr auf. Sie verlangte eine unterwürfige Handlung, damit sich in ihm Widerstand regen sollte.[21] Eigentlich hatte sie auf einen Skandal in der Beziehung gehofft.

Der Skandal als Ergebnis einer schleichenden Entfremdung

Skandale in Beziehungen sind oft die Folge einer innerlichen Wandlung. Ein Partner entwickelt sich, ohne dass der andere beteiligt ist. Bei Themen, die durch die soziale Umgebung des Paares ignoriert oder sogar verachtet werden, droht eine anfangs häufig nicht realisierte Entfremdung. Weltliche oder stark materialistisch orientierte Kreise neigen zum Beispiel dazu, das religiöse Bedürfnis eines Menschen zu negieren. Entsprechende Fragen oder Bedürfnisse werden in der Beziehung tabuisiert. Religiöse Empfindungen gehören nicht zum »Stil« des Paares.

»Was quasselst du denn da!«, entgegnet sie erschrocken, als ihr Freund ihr vorschlägt, zusammen an einem Gottesdienst teilzunehmen. Kennen gelernt hatte sich das Paar bei der Premiere eines Theaterstücks von Horváth. Sein freches Mundwerk, sein Lachen und seine gnadenlose Kritik von Stücken und Büchern imponierten ihr. Sie blickten auf eine lange Zeit mit Festen, hitzigen Diskussionen und anregenden Abenden in Restaurants Norditaliens zurück. Gespräche über den Szeneklatsch, Kulturprojekte, die Subventionspolitik des Staates, die Kinderfrage und das Essen hielten sie zusammen. Langsam spürte er in sich jedoch eine Leere. Er merkte, dass seine Kritik zum Zynismus wurde und seine Kontakte zunehmend oberflächlich wurden.

Da hatte er einen Traum, der in seinem Leben eine Wende einleitete. Er lag auf dem Sandstrand von Saint-Malo und verfolgte das emsige Strandleben. Männer und Frauen tanzten, schwammen, spielten Frisbee oder promenierten auf der Strandstraße. Langsam löste sich sein Blick von der Häuserreihe hinter der Straße und glitt gegen das Meer. Die Flut stand bevor. Zu seinem Schreck sah er statt der normalen kleinen Wellen eine riesige Springflut auf sich zukommen. Mit Getöse brauste sie auf den weiten Strand zu. Er wollte die Umgebung warnen. Er brachte aber keinen Laut aus sich heraus. Sein wildes Gestikulieren wurde von allen ignoriert. Schließlich legte er sich auf den Boden und krallte sich mit seinen Händen im Sand fest. Mit unglaublicher Wucht stürzte das Wasser über ihn hinweg. Er hatte große Angst. Schließlich ließ er wieder los und schwamm an die Wasseroberfläche. Als er sie erreicht hatte, erblickte er ein Holzboot. Es wurde von einem fahlen Licht bestrahlt. Als er es sah, war er überwältigt. Der Bootsführer blickte ihn an und forderte ihn auf, zu seinem Boot zu schwimmen. An dieser Stelle brach der Traum ab.

Zwei Wochen später traf er zufällig einen katholischen Pfarrer. Es entwickelte sich ein interessantes Gespräch zwischen ihnen. Langsam begann er zu ahnen, dass der Traum ihm etwas sagen wollte. Sein Traum machte ihn auf eine unbewusste religiöse Suche aufmerksam. Gott wollte zu ihm sprechen. Es war ihm peinlich, dies der Partnerin mitzuteilen, weil sie sich beide in einem betont areligiösen Lebensstil gefielen. Religiosität und Kirche passten nicht ins Beziehungsschema, das sich zwischen ihm und seiner Frau etabliert hatte. Der Mann hatte sich in der Beziehung skandaliert. Das Beziehungsmuster musste gesprengt werden, weil sein Selbst ihn auf die Suche nach Gott schickte.

Der heilsame Bruch

Wenn ein persönlicher Skandal ein verstecktes Thema aufdeckt oder einen Tabubruch bewirkt, werden Energien freigesetzt. Das herkömmliche Beziehungsmuster wird radikal in Frage gestellt. Unsicherheit und das Gefühl der Leere stellen sich ein.

Wenn sich jemand in einer Beziehung skandaliert, fällt dem anderen oft die Rolle zu, den Status quo zu erhalten. Die Exklusivität, die Paarrituale und Gemeinsamkeiten wollen gerettet werden. »Was ist denn los mit dir! Es war doch alles so gut!« ist ein Vorwurf, mit der der sich skandalierende Partner oft konfrontiert wird. »Wieso bedeutet dir unser gemeinsames Leben plötzlich nichts mehr?« Die erste Reaktion des sich *nicht* skandalierenden Partners ist meist Verständnislosigkeit. Er hat die unglückliche Aufgabe, die Scherben zusammenzulesen und herauszufinden, was eigentlich geschehen ist. Er beruft sich als Erstes auf die alten Muster und reagiert insofern konservativ. Er identifiziert sich mit den Erhaltungskräften.

Wird die tiefere Bedeutung des skandalösen Verhaltens erkannt, kann der Skandal auch eine Chance zum Neubeginn sein. Die Beziehung wird neu belebt. Der »kosmischen Katastrophe« folgt eine Geburt, durch die eine neue »Welt« erschaffen wird. Es muss jedoch zuerst zum Bruch kommen, bevor der Neuanfang möglich ist.[22]

Obwohl sie ihn liebte, ihm drei Kinder geboren hatte und von ihm materiell verwöhnt wurde, konnte sie ihn nicht mehr ausstehen. Sie ertrug seine epischen Vorträge über Geotektonik, seine Gestik, seine laute Stimme und seine oft deftigen, undifferenzierten politischen Statements nicht mehr. Eigentlich war er ein wunderbarer Mann, trotzdem konnte es so nicht mehr weitergehen. Sie spürte einen Druck auf der Brust und konnte physisch die Präsenz ihres Mannes nicht mehr aushalten. Sie entschloss sich, eine eigene Wohnung zu beziehen. Ihr Mann war verletzt und befremdet. Er mobilisierte Freunde, Familie und Bekannte, um sie von ihrem Vorhaben abzubringen und herauszufinden, was eigentlich mit ihr los war. Es nutzte nichts. Sie verließ die Villa und bezog eine Dreizimmerwohnung in der Nachbargemeinde. Neben Geldschwierigkeiten hatte sie dort mit Schuldgefühlen zu kämpfen. Bricht die Familie wegen meines Verhaltens auseinander?

Nach vier Monaten in einer unfreundlichen und lauten Wohnung begann sich die Beziehung zu ihrem Mann wieder zu verbessern. Sie vermisste ihn sogar. Sie erlebten schöne Spaziergänge, Wanderungen und führten gute Gespräche. Ein neuer Frühling war angebrochen, und sie verliebte sich sogar wieder in ihn. Ihr persönlicher Skandal hatte ihr weitergeholfen.

Oberflächlich gesehen erschien ihr Verhalten hysterisch. Was soll der ganze Rummel, wenn sie doch ihren Mann liebt und nach kurzer Zeit wieder in das alte Haus zurückziehen möchte? Aus psychologischer Sicht war der persönliche Skandal jedoch notwendig. Unbemerkt waren beide Partner in eine Beziehungsfalle geraten. Das alte Beziehungsmuster musste durchbrochen werden.

Sie war mit ihrem Mann symbiotisch verbunden. Ihre Ängste, Erwartungen und Lebenspläne waren alle mit ihrem Mann identifiziert. Seine Rolle in ihrem Leben war zu groß. Sie musste sich wieder einen Freiraum erkämpfen, damit sie spürte, was ihr wichtig war. Gerade *weil* sie ihren Mann liebte, war diese Distanzierung innerhalb der Beziehung nicht möglich. Es erforderte einen Eklat, damit nach innen gerichtete Kräfte freigesetzt werden konnten und der Frau Distanz ermöglichten. Wegen der Nähe und Vertrautheit zu ihrem Mann war es nicht anders möglich, sich der eigentlichen Bedeutung der Beziehung bewusst zu werden. Die Umgebung, ihr extravertierter Lebensstil und ihre Anpassungstendenz hatten verhindert, dass sie zu sich selber finden konnte. Sie hatte den Kontakt zum Kern ihrer Seele verloren. Der Bruch war somit eine seelische Notwendigkeit. Sie musste sich effektiv und nicht nur theoretisch von ihrem Mann trennen, wenn die Beziehung weiter bestehen sollte, Gespräche allein genügten nicht.

Skandale in Beziehungen bergen natürlich immer auch das Risiko, dass das Paar sich nicht mehr versöhnt. Oft ist die Trennung dann unausweichlich. Die Verletzungen, die aufgebrochenen Emotionen und die enttabuisierten Themen können nicht mehr neu in die Beziehung integriert werden. Die gemeinsame Vergangenheit, die Exklusivität der Beziehung und die familiäre und ökonomische Bindung sind nicht stark genug, das Paar zusammenzuhalten.

Seit zwei Jahren verheiratet, widmete er sich seiner Tätigkeit in der Computerbranche und sie arbeitete als Stewardess. Ein intensives Sexualleben gehörte ebenso zu ihrer Beziehung wie das gemeinsame Interesse am Segeln. Kinder waren geplant. Die gemeinsame Zeit richtete sich nach den Flugplänen der Frau. Sie war oft tagelang im Fernen Osten unterwegs. Die Einsatzpläne waren immer verlässlich.

Eines Tages kehrte sie wegen eines Fluglotsenstreiks jedoch zwei Tage früher als geplant nach Hause zurück. Ihren Mann konnte sie nicht mehr benachrichtigen. Als sie die Haustür öffnete, begrüßte sie nicht ihr Gatte, sondern ein wildfremder, halb nackter Mann. Im Hintergrund hörte sie das Lachen ihres Mannes und sie realisierte, dass er während ihrer Abwesenheit eine Männerorgie organisiert hatte. Seine Bisexualität hatte er vor ihr bis zuletzt geheim gehalten. Die Beziehung überlebte diesen Skandal nicht.

Da unsere Kultur kaum Rituale kennt, durch die sich ein Paar zivilisiert und unter Einbeziehung der Familie und Freunde voneinander trennen kann, werden persönliche Skandale eingesetzt. Der Skandal dient dazu, die Trennung einzuleiten.

»Heute schläfst du auf dem Sofa!«, befiehlt ein 40-jähriger Mann seiner Angetrauten. Da er mit einer anderen Frau ein Schäferstündchen verbringen möchte, wird seine Ehefrau zeitweilig ins Wohnzimmer verbannt. Erst nach diesem skandalösen Verhalten hatte die unglückliche Frau die Kraft, eine Trennung einzuleiten.

Der persönliche Skandal als Individuationsschritt

Durch den persönlichen Skandal in einer Beziehung werden Grenzen überschritten oder wird ein festgefahrenes Beziehungsmuster hinterfragt. Der persönliche Skandal ist ein Mittel, ein

Schattenthema zuzulassen. Ein Komplex, der in der Beziehungssituation ausgeblendet wurde, kommt an die Oberfläche. Skandale in Beziehungen werden darum als Dammbrüche erlebt. Verhaltenseigenschaften, die aus moralischen oder kulturellen Gründen abgelehnt werden, drängen in den Vordergrund.

Tragfähige Beziehungen überleben mehrere Skandale. Ist ein Paar über längere Zeit zusammen, dann geht es meistens nicht ohne den einen oder anderen Beziehungsskandal.

Durch einen persönlichen Skandal kann sich ein Paar gemeinsam weiterentwickeln. Im Zeitalter der Gleichförmigkeit und der Stilvorgaben gibt es nicht viele Möglichkeiten, *gemeinsam* eine individuelle Struktur zu entfalten. Die Qualität der Beziehung entscheidet, ob ein Skandal ansteht oder nicht. Es gibt natürlich auch andere Wege, Beziehungen zu erhalten und Tabus zu erkennen. Skandale in Beziehungen sind darum nicht eine unabwendbare Notwendigkeit. Entscheidend, ob es zum Skandal kommen muss, ist die Frage, wie ein Paar sich miteinander auseinander setzt.

Streitkultur in Beziehungen

Beziehungen sind psychologische Schwerstarbeit. Damit ist gemeint, dass wir mit uns selber konfrontiert werden und in einer Beziehung unsere Schwächen nicht verstecken können. Auch wenn wir uns als aufgeklärte Menschen verstehen, erleben wir Szenen, die wir höchstens mit leiser Stimme in der Therapie oder dem besten Freund erzählen. Es gelingt uns nicht immer, dem Partner oder der Partnerin nur liebe- und respektvoll zu begegnen. Oft führt ein kleiner Teufel in uns das Zepter. Aggressiver Wortwechsel und Zank können die Folge sein. Bei persönlichen Streitigkeiten fühlen wir uns ohnmächtig, wütend und verzweifelt. Wir schämen uns, dass wir Probleme nicht sachlich bereinigen können, sondern Emotionen durchbrechen. Wir fühlen uns ungerecht behandelt und wünschen den Partner dahin, wo der Pfeffer wächst. Durch den Streit wird die duale Wirklichkeit in Frage gestellt. Die meisten Menschen suchen den Streit nicht direkt, doch im Alltag ist dieses Ideal auf Dauer nicht realisierbar.

Wie gestritten wird, ist verschieden. Der Streitstil wird von den Persönlichkeiten des Mannes und der Frau beeinflusst. Zwei eher phlegmatische Menschen gehen einem Konflikt möglichst lange aus dem Weg. Der Kampf lohnt sich für sie nicht. Die Auseinandersetzung erfolgt durch Verstimmungen und eventuell spitze Worte. Menschen mit cholerischerem Temperament hingegen suchen den Kampf. Sie wollen die Ursachen der Missstimmung herausfinden. Es gibt rote Köpfe und laute Worte.

Die gesellschaftlichen Einflüsse zeigen sich in den Vorgaben, an denen wir uns bei Streitigkeiten orientieren sollten. Körperliche Gewalt sollte ein Tabu sein, in der Öffentlichkeit werden keine lauten Wortgefechte ausgeführt und früher galt es als unangebracht, vor den Kindern zu streiten. Auch der Ort, an dem gestritten wird, wird durch kulturelle Muster und Gewohnheiten beeinflusst. Gewisse Paare streiten vor allem am Telefon, andere in der Küche, und wieder andere wählen bevorzugt Autofahrten aus. Wenn man mit dem Auto unterwegs ist, haben alle Insassen ein vitales Interesse, heil am Ziel anzukommen. Der Kontext verlangt einen hohen Disziplinierungsgrad und setzt einem allzu aggressiven Verhalten natürliche Grenzen: Auch während der lautstarken Auseinandersetzung muss sich der Fahrer auf die Straße konzentrieren, darf nicht die Fäuste erheben, und keiner der Partner kann einfach davonlaufen.

Oft entwickelt ein Paar mit der Zeit typische Abläufe: Sie nörgelt, bis er explodiert, beide schreien einander an oder sie bleibt ruhig, während er nur noch vor sich hin schimpft. Das Streitverhalten kann auch sehr dramatisch sein:

Oft sah man das Paar Hand in Hand zu ihren Wagen spazieren oder friedlich nebeneinander in den Gartenstühlen sitzen, Bier trinken und in Zeitschriften blättern. Es entzündeten sich zwischen ihnen aber auch heftige Streitigkeiten. Bei beiden handelte es sich um temperamentvolle Persönlichkeiten und die Nachbarschaft wurde regelmäßig Zeuge dramatischer Dispute. Argumente wurden mit Wurfgegenständen untermauert. Die emotionale Aufwühlung reduzierte zum Glück die Treffsicherheit. Tassen, Bücher oder sogar ein Toaster flogen aus dem Fenster. Der einsame Höhepunkt war jedoch der Tag, an dem die Frau wutschnaubend aus dem Haus stürmte, sich in ihr Auto setzte, den Motor aufheulen ließ, die Straße hinunterfuhr und mit voller Wucht in den Wagen ihres Geliebten fuhr.

Die Gefahr des persönlichen Skandals in einer Beziehung reduziert sich, wenn das Paar eine Streitkultur entwickelt. Miteinander um Lösungen zu ringen ist die beste Prophylaxe des persönlichen Skandals. Die Auseinandersetzungen müssen nicht zu Blechschaden führen wie im obigen Beispiel, wenn das Paar miteinander streiten kann. Während des Streits konfrontiert sich das Paar mit den Schattenseiten des anderen und wagt sich an heikle Themen. Durch die emotionale Aufwühlung können Dinge verbalisiert werden, die sonst übergangen werden.

In der eigenen Wahrnehmung bekommt das Gegenüber oft eine feindselige Qualität. Man konzentriert sich auf seine Schwächen. Durch den gekonnten Streit wird die duale Wirklichkeit hinterfragt, ohne dass es zu einem Skandal kommt. Streitigkeiten sind darum ein Weg, die Dämonen zu erkennen, die sich an eine Beziehung heranschleichen. Streits können sich somit positiv auf die Beziehung auswirken und ein Zeichen sein, dass man sich mit dem Gegenüber konstruktiv auseinander setzt.

Sexualität: Der Königsweg zum Unbewussten oder unbezwingbarer Dämon?

Sex – Skandalthema Nummer eins

Und nun zum Skandalthema Nummer eins: Im Liebesleben skandaliert sich der Mensch am meisten. Die Regenbogenpresse lebt von den Geschichten der sexuellen Eskapaden der Schönen, Reichen und Berühmten: Eine Zeitung verspricht einen Insiderbericht über Naomi Campbells ausschweifendes Liebesleben und ein heimlich gefilmter Dokumentarfilm entlarvt Daniel Ducruet, den Ehemann Prinzessin Stephanies von Monaco, als spontanen Liebhaber der belgischen Nackttänzerin Fili Houteman. Wir werden Zeuge indiskreter Körperübungen auf einem Liegestuhl. Die Unschärfe der Aufnahme vermittelt das Gefühl, selber als Voyeur hinter einem Gebüsch zu stehen und für langes Warten entschädigt zu werden. Sexskandale lösen heftige Diskussionen aus und sind eine gute Gelegenheit, moralische Entrüstung zu demonstrieren. Sexualität weckt die Geister, regt die Fantasie an und schürt Emotionen. Sexuelle Themen haben eine enorme Sprengkraft.[23]

Sich in der Sexualität zu skandalieren, bleibt nicht nur der Prominenz vorbehalten. Auch der Normalbürger skandaliert sich bei den Themen Liebe und Sex. Auch wenn diese Übergriffe, Eskapaden und heimlichen Liebschaften nicht medial vermarktet werden und in aller Munde sind, sind sie nicht weniger einschneidend und herausfordernd für die Beteiligten. Die privaten Sexskandale spielen sich im Verborgenen oder auch offen ab. Sie gehorchen ähnlichen Mustern wie die öffentlichen Skandale. Reaktionen werden ausgelöst, weil ein Tabu gebrochen, eine Grenze überschritten wird oder Konventionen missachtet werden.

Bei persönlichen Skandalen steht nicht die Empörung des breiten Publikums im Vordergrund, sondern der Widerstand des eigenen Freundeskreises, der Familie oder Berufsgruppe. Oft werden Normalitätsvorstellungen, die Kryptonormen und Erwartungen des eigenen sozialen Kreises gesprengt. Eine 60-jährige bekannte Psychoanalytikerin lud Freunde und Kollegen zu einer Geburtstagsfeier ein. Beschwipst vom Wein erklomm sie nach dem Essen den Tisch, hob ihren Rock und verkündete laut, sie fühle sich so jung wie nie zuvor und sei bereit, jeden Mann zu vernaschen! Die männliche Gästeschar reagierte leicht betreten.

Wenn sich jemand skandaliert, stört sich die Umgebung daran, missachtet oder bewundert die betreffende Person: Der Mann, der mit zwei Frauen zusammenlebt, die ihn während der Woche unter sich aufteilen, wird vielleicht von vielen Kollegen beneidet; über die verheiratete Frau, die jedes Jahr zwei Wochen mit einem Liebhaber in Grindelwald verbringt, rümpft man die Stirn, und über die Lehrerin, die mit einem Gymnasiasten eine Liaison eingeht, empört man sich. Wenn sich jemand über einen sexuellen Verhaltenscodex hinwegsetzt, reagiert das Kollektiv. Das Thema Sexualität lässt niemanden kalt, es ist emotional besetzt und mit Fantasien verbunden.

Sexuelle Eskapaden aus historischer Sicht

Skandale in der Sexualität haben Tradition. So soll Julia, die Frau des römischen Kaisers Tiberius (42 v.Ch. – 37 n.Ch.) ihren Mann wie auch ihre beiden ersten Männer so oft betrogen haben, dass es hieß, sie sei für jeden Mann zu haben.[24] Karl der Große (747–814), König der Franken und römischer Kaiser, war fünfmal verheiratet und unterhielt vier Nebenfrauen! Nach seinem Tod wurde jedoch seine Sündhaftigkeit heftig kritisiert. Ein Mönch behauptete damals, er hätte in einer Eingebung den Kaiser in der Hölle schmoren sehen. Viele Menschen glaubten ihm, als er berichtete, Karl der Große müsse entsetzliche Qualen erleiden, weil er sich im Leben wie ein Tier benommen habe.[25]

Als der englische Schriftsteller Charles Dickens (1812–1870), der durch seine Bücher *Oliver Twist* und *David Copperfield* Weltruhm erlangte, sich mit 45 Jahren in eine 19-Jährige verliebte, schickte er seine Frau zur Empörung der Außenwelt kurzerhand weg. Er soll ihr mitgeteilt haben, er sei ihr überdrüssig und sie solle zum gemeinsamen Sohn ziehen. Der Begründer des sozialen Romans galt als Haustyrann.

Für Alfred Nobel (1833–1896), Stifter des Nobelpreises und Pionier auf dem Gebiet der Sprengstofftechnik, endete die Liebesromanze mit einem armen Pariser Blumenmädchen wenig vorteilhaft. Er nahm sie in sein Pariser Haus auf, kümmerte sich um sie und wollte sie bilden und erziehen. Der Mittvierziger war der jungen Frau bald verleidet. Sie entschied sich für einen Jüngeren. Zusammen mit ihrem neuen Liebhaber versuchte sie anschließend ihren ehemaligen Freund und Förderer zu erpressen. Sie drohte alle 216 Liebesbriefe Nobels zu veröffentlichen und so einen Skandal heraufzubeschwören, wenn er sie nicht finanziell unterstütze. Nach einer größeren Geldzahlung war sie befriedigt.[26]

Einen kleinen Skandal löste auch der schottische Schriftsteller Robert Louis Stevenson (1850–1894) aus, unter anderem Verfasser der Werke *Die Schatzinsel* und *Dr. Jekyll und Mr. Hyde.* Trotz massiver Kritik zog er mit einer viel älteren, verheirateten Frau nach Samoa. Da sie im heimatlichen Schottland drei Kinder zurückließ, wurde sie von ihrer Umgebung fortan wie eine Aussätzige behandelt. Sie konnte jedoch nicht anders, als ihrem Liebhaber zu folgen.

Karl Marx (1818–1883) skandalierte sich diskreter und feiger. Als er mit seiner Haushälterin Helene Demuth ein Verhältnis begann, war er sorgsam darauf bedacht, die bürgerliche Fassade zu wahren. Der Skandal durfte nicht auffliegen. Als der Liaison ein Sohn entsprang, musste er handeln. Statt seiner Frau seine Beziehung zu gestehen, bemühte er seinen Freund Friedrich Engels. Er bat ihn, Freddie Demuth als seinen Sohn auszugeben. Karl Marx selber wollte nichts mit seinem Kind zu tun haben. Normalität war ihm wichtig.[27] Er fürchtete den persönlichen Skandal wie der Teufel das Weihwasser.

Wenn sich jemand in der Sexualität skandaliert, dann lebt er oder sie seine körperlichen Triebe und seine Sinnlichkeit im Widerspruch zu den gesellschaftlichen Normen seines sozialen Kreises aus. Der Skandal ist jedoch nicht nur ein *äußeres* Ereignis, sondern auch eine *innere* Grenzüberschreitung. Auch die eigene, verinnerlichte Moral und die eigenen Grundsätze werden missachtet.

Sofern es sich nicht um einen Psychopathen handelt, wird die eigene Persönlichkeitsstruktur herausgefordert. Was er oder sie tut, widerspricht den internalisierten Vorstellungen und vielfach auch den persönlichen Werten. Er oder sie verhält sich »blöd«, handelt unüberlegt oder leichtsinnig. Skandalierer werden mit einem inneren Dilemma konfrontiert: Soll ich mich über meine inneren Bedenken hinwegsetzen?

Der Skandal ist ein Symptom einer inneren Entwicklung. Das äußere Ereignis wird zu einem Symbol der eigenen Seelenlandschaft. Die äußeren Tabubrüche und Regelverstöße sind darum Ausdruck innerer Dramen.

Das Eigenleben der Sexualität

Um das Wesen des persönlichen Skandals in der Sexualität zu verstehen, müssen wir uns zuerst der Sexualität des Menschen zuwenden. Aus psychologischer Sicht darf Sexualität nicht nur auf Triebbefriedigung reduziert werden. Es handelt sich bei ihr um eine schillernde und eigensinnige mentale wie auch körperliche Energie. Bei der Sexualität geht es nicht nur um Vorspiel, Geschlechtsakt und Orgasmus, ihr Wesen ist viel widersprüchlicher und umfassender.

Der »Sinn« der Sexualität kann von der Biologie, Medizin und Psychologie nicht beantwortet werden. Schließlich könnte das Fortpflanzungsproblem weniger dramatisch – wie beispielsweise bei den Würmern – gelöst werden. Wenn die Sexualität nur der Fortpflanzung dient, wie es uns die Kirche und eine enge Sicht der Evolutionslehre einreden wollen, wieso lässt sie sich dann so schwer kontrollieren und institutionalisieren? Wieso demonstriert sie ihre Kraft oft dort, wo wir es nicht erwarten und wünschen?

Sexualität lässt sich nur selten rational steuern. Sie trickst uns immer wieder selber oder das System aus. Erotik, Sexualität und Liebe halten sich nicht an das, was »man« tun und lassen sollte. Sie orientiert sich nicht an gesellschaftlichen Erwartungen und an der Vernunft. Grauzonen, Halbwahrheiten und Doppeldeutigkeiten gilt ihr Interesse. Sie präsentiert sich uns als Kraft, die gerne soziale Verhaltensmuster und Rituale durchbricht.[28] Sexualität sucht das Außergewöhnliche und

Spezielle. Wird sie institutionalisiert, droht sie ihre mentale Kraft zu verlieren.

In der griechischen Mythologie symbolisierte Aphrodite die Freude an der sinnlichen Liebe. Sie heiratete jedoch keinen Beau, sondern den eigenartigen, hinkenden Feuergott Hephaistos, blieb ihm aber, als Göttin der Liebe, nicht lange treu. Sie verwickelte sich in eine Affäre mit Ares, der sie in Hephaistos' Bett besuchte, wenn dieser Gott den Olymp verließ. Hephaistos ertappte die Liebenden eines Tages nackt im Bett und gab sie dem Gelächter anderer Götter preis. Aphrodite hatte sich skandaliert.

Dass Sexualität nur selten für ein beständiges Konstrukt steht, sieht man in langjährigen Beziehungen. Die Euphorie und die Glücksgefühle, die anfänglich erlebt werden, dauern nicht gleich bleibend an. Das gegenseitige sexuelle Interesse reduziert sich mit den Jahren. Wenn man die Vorlieben, die Lebensweise, die Neurosen und Ängste eines Partners gut kennt, fällt es schwer, in ihm oder ihr den romantischen, wilden Liebhaber oder den verführerischen Vamp zu sehen. Die Realität verjagt die mentale Vorstellung. Einige Paare erleben ihre Sexualität dann nur noch als Pflichtübung oder verzichten gar ganz auf sie. Selten gelingt es einem Paar, nach Jahren immer noch eine genussreiche, liebevolle und spannungsgeladene Sexualität zu pflegen. Wenn das Neue, Anrüchige oder Exotische nicht mehr präsent ist, erlahmt das gegenseitige Interesse. Sexualität lebt vom Diffusen, vom Schummrigen, von Ahnungen und Anspielungen. Sie liebt Mehrdeutigkeiten, vermeidet Klarheit und hasst Institutionalisierung. Sie liebt einen Kontext, der Fantasien zulässt.

Von entblößten Schultern, Spiegeln und erotischen Knöcheln

Sexualität ist untrennbar mit der Kultur und der Psychologie des Menschen verbunden. Sexualität gründet zwar in unserem Körper, doch die erotischen Signale wurden durch die Kultur überformt. Wenn wir Sexualität auf unsere Körperlichkeit reduzieren, wie es viele Bücher zur Anleitung eines glücklichen Sexuallebens tun, dann erfassen wir ihr Wesen nur unvollständig. Die Sexualorgane und Hormone sind nicht der Grund unseres sexuellen Begehrens, sondern sie waren und sind auch Anlass, Kultur zu entwickeln und uns mit der Seele auseinander zu setzen. Wir erleben Sexualität darum nicht nur als *Urtrieb*, den wir von Zeit zu Zeit ausleben müssen, sondern unsere sexuellen Bedürfnisse, Sehnsüchte oder Irritationen sind bereits von der Gesellschaft codiert. Wie wir über die Sexualität denken und wie wir sie leben, ist bereits durch die Kultur vordefiniert. Sexualität lässt sich daher nicht von der Gesellschaft trennen, die sich wiederum an Ritualen, Mythen, Werten und kulturellen Normen orientiert.

Bei der Sexualität handelt es sich nicht um eine primitive Regung, die durch eine moralische Instanz kontrolliert und diszipliniert wird, sondern sie hat ein autonomes Profil. Sie führt uns zu unserer Körperlichkeit und zu unseren Instinkten, doch diese sind nicht der Grund sexuellen Verhaltens. Wir irren nicht mehr als nackter Homo erectus durch die Steppen und geben unartikulierte Laute von uns, wenn wir einen erregenden Duft registrieren oder einen attraktiven Po sehen, sondern sind auf kulturelle Signale sensibilisiert. Strapse, schwarze Unterwäsche, ein romantisches Abendessen bei Kerzenschein, bestimmte Bewegungen, Musik, Gesten, Worte oder Bilder erotisieren uns heute.

Befassen wir uns mit persönlichen Skandalen in der Sexualität, dann geht es nicht nur um explizite Sexualhandlungen wie den flotten Dreier oder Dominaspiele, sondern um die Missachtung oder Neudefinition von Verhaltensregeln in der Sexualität und Erotik.

Das Taschentuch auf den Boden zu werfen galt früher als Aufforderung, mit einer Dame Kontakt aufzunehmen. Man skandalierte sich, indem man eine Frau ansprach, ohne dass sie ein Taschentuch fallen ließ. In Diskos in Schottland war früher das Alleinetanzen ein Zeichen, dass man Kontakt suchte. Wer eine Frau zum Tanzen aufforderte, wenn sie mit einem anderen Mann zusammen war, skandalierte sich. Die Oberarme zu zeigen und einen kurzen Rock zu tragen, gilt in südlichen Ländern als erotisches Signal, in nördlichen Ländern als Zeichen der Emanzipation.

Die Kultur legt fest, welche Körperteile öffentlich präsentiert, welche verhüllt werden und welche als erotisches Signal gelten. Sie definiert auch Verhaltensregeln, die für den öffentlichen oder privaten Bereich gelten. In Mexiko gilt es als unanständig, wenn eine Frau in Begleitung eines Mannes auf der Straßenseite des Bürgersteigs geht. Tut sie es trotzdem, reagiert die Umgebung irritiert und die Frau skandaliert sich. Weit verbreitet ist dort jedoch, Freundinnen den Partner durch geheime Liebesbriefe auszuspannen. In mitteleuropäischen Ländern sind hierzu wieder andere Methoden üblich.

Moralische Vorstellungen zur Sexualität sind dem Wandel der Zeit unterworfen. Nacktheit galt im 14. Jahrhundert als Zeichen der Verrücktheit. Die Bedeckung des Körpers gemäß Rang und Stellung innerhalb der Hierarchie war wichtig. Als sich der erste Schüler Franz von Assisis nackt auf dem Marktplatz von Viterbo zeigte, löste er einen Skandal aus.[29] Im Spätmittelalter war den Frauen gestattet, die Taille als Reiz hervorzuheben, die Schultern mehr oder weniger großzügig zu entblößen und den Ansatz des Busens entweder zu verhüllen oder aufzudecken. Allenfalls wurde das Busentuch als erotisches Mittel eingesetzt.[30]

Die Viktorianische Zeit war prüder. Es galt als unanständig, wenn eine Frau Knöchel zeigte. Die Schuhe hatten den ganzen Fuß zu bedecken, sonst war dies als Aufforderung zu verstehen, sexuellen Kontakt aufzunehmen. Im 19. Jahrhundert galt es in bürgerlichen Gesellschaften als verwerflich, wenn eine junge Frau ihren nackten Körper betrachtete. Beim Baden wurde ein Spezialpuder eingesetzt, damit nicht das eigene Spiegelbild auf der Wasseroberfläche erscheinen konnte. Einen großen Spiegel im Zimmer aufzustellen war Prostituierten vorbehalten.[31] Heute sind Spiegel kein Thema mehr.

Der Film des österreichischen Regisseurs Willi Forst *Die Sünderin* rief bei seiner Uraufführung in Frankfurt am Main am 18. Januar 1951 einen landesweiten Proteststurm aus. Sowohl die katholische wie auch die evangelische Kirche und einzelne Parteien riefen zum Verbot oder Boykott des Filmes auf. Anstoß erregten vor allem die Nacktszene und die Tatsache, dass eine Prostituierte in positiven Farben dargestellt wurde. Man fürchtete, dass die amoralische Sinnlichkeit Nachahmer finden würde, und sprach von »Sumpfblüte« und »Kloake des Zeitgeistes«. Der Film galt als Zeichen zunehmender Dekadenz.[32]

Vor 100 Jahren war es undenkbar, dass eine Frau über ihren Orgasmus redet. Als Nina Hagen im Fernsehen demonstrierte, wie eine Frau masturbiert, verursachte sie einen Skandal. Heute haben wir uns daran gewöhnt, explizite Sexualakte im Fernsehen ansehen zu müssen.

Der Zeitgeist definiert, was als anständig empfunden wird und was verpönt ist. Für Frauen galt das Tragen von Hosen noch bis in die 60er-Jahre als unschicklich. Frauen mit Hosen wurden als sexuell aggressiv und experimentierfreudig gesehen. Männern war dafür das Tragen langer Haare untersagt. Wer es trotzdem tat, spürte die ganze Macht gesellschaftlicher Ächtung: Im Restaurant wurde er nicht bedient, in der Schule gemaßregelt und in der Öffentlichkeit sogar beschimpft. Männer mit langen Haaren waren »Langhaardackel«.

Mehr Toleranz diesbezüglich und die Entblößung neuer Körperteile setzten erst langsam ein. Kaum jemand regt sich heute mehr auf, wenn eine Frau sich im Schwimmbad oben ohne sonnt oder ein Mann lange Haare trägt. Um zu provozieren, muss heute stärkeres Geschütz aufgefahren werden.

Die Notwendigkeit der Tabus

Da Sexualität destabilisierend wirkt, wird ein Teil ihrer Kraft neutralisiert. Sexualität muss kanalisiert und aus gewissen Bereichen des öffentlichen Lebens verbannt werden.

Tabus entwickeln sich. Was tabuisiert wird, ist von Kultur zu Kultur verschieden. Alte Tabus verschwinden und neue entwickeln sich. Galten früher Homosexualität und Masturbation als Tabu, so sind es heute vor allem sexuelle Empfindungen Kindern gegenüber. Bei entsprechenden Handlungen drohen harte Sanktionen. Die Vermischung der Geschlechter in der Berufswelt hat zur Folge, dass sich dort neue Tabus entwickeln: Es dürfen keine anzüglichen Witze erzählt werden, keine Körperteile berührt und am Arbeitsplatz keine Bilder von nackten Frauen aufgehängt werden. Eine tabufreie Sexualität ist nicht möglich. Tabus sind nötig, damit wir im sozialen Raum funktionieren können und nicht permanent sexualisiert werden.

Änderungen im Umgang miteinander sind aber nur möglich, wenn wir uns hie und da skandalieren. Dynamische Gesellschaften brauchen Menschen, die zu Tabubrüchen bereit sind. Einzeln oder in Gruppen setzen sie sich über Konventionen hinweg. In der Kleidermode ist es oft die Jugend, die Grenzen neu definiert, sei es durch den Minirock, die Bauchfreiheit, Capri-Hosen oder auch das Färben der Haare. Sie nutzen das antagonistische Verhältnis, das ihre Beziehung zu den Erwachsenen prägt,[33] um neue Akzente zu setzen und Konventionen zu durchbrechen. Was man trägt, muss schocken. Wenn die Erwachsenen den Kopf schütteln, ist das Ziel erreicht. Der Skandal ist für die Jugend ein Mittel, sich abzugrenzen. Tolerante Liebesbeziehungen gehörten in den 60er-Jahren nicht nur zu einem neuen Lebensgefühl, sondern boten auch die Möglichkeit, die Regeln der bürgerlichen Gesellschaft zu missachten. Die »Alten« wurden durch den Tabubruch provoziert, sodass man sich in Autonomie üben konnte.

Nicht nur die Jugend neigt zum Skandal, oft sind es Künstler und Schriftsteller, die durch ihre Skandale eine Vorreiterrolle übernehmen. Die Eskapaden der amerikanischen Chansonsängerin Josephine Baker wurden zur Legende. Bekannt ist auch die unorthodoxe Beziehung zwischen dem französischen Existenzialisten Jean-Paul Sartre und der Schriftstellerin Simone de Beauvoir. Vielfach setzten künstlerische Kreise neue Akzente in der sexuellen Kommunikation: Die Schweizer Künstlerin Pipilotti Rist verstand es, in ihren Videoproduktionen den weiblichen Körper nicht nur als Objekt männlicher Begierden zu präsentieren, sondern als Waffe. Elvis Presleys Hüftschwünge zu »Jailhouse Rock« wurden als unanständiges erotisches Signal empfunden. Petitionen und Proteste waren die Folge.

Solcher Aufruhr ist möglich, weil jede Gesellschaft Tabuzonen und Regeln der sexuellen Kommunikation entwickelt. Diese sind auch dazu da, *missachtet* zu werden. Sie ermöglichen eine Demonstration der anarchischen Potenz der Sexualität. Skandale garantieren Dynamik und erschaffen neue Umgangsformen.

Der persönliche Skandal als Liebesbeweis

Sexuelle Begegnungen sind bei uns nur möglich, wenn man sich darum bemüht oder Begegnungen zulässt. In westlichen Gesellschaften organisieren nicht die Familie und selten die Freunde das Verkuppeln. Jeder und jede ist für sich selber verantwortlich. Wir sind arm an Ritualen, durch die die Geschlechter zueinander finden. Debütantinnenbälle sind zum Beispiel kaum mehr Mode. Wenn man mit einem angenehmen Partner oder einer attraktiven Partnerin in Kontakt kommen will, genügt es nicht, Cafés zu besuchen und zu verkünden, dass man auf der Suche nach einem Partner ist. Das Problem der Partnersuche wird auf diskretere Art gelöst.

Interessanterweise finden sich heute viele Sexual- und Lebenspartner am Arbeitsplatz. Sie treffen auf einen Liebhaber oder eine Liebhaberin an einem Ort, wo wir eigentlich an anderes denken sollten. Oft herrschen sogar Leitlinien in Bezug auf den Kontakt zwischen den Geschlechtern. Übergriffe werden geahndet. Als Tatbestände gelten »scheinbar zufällige Körperberührungen«, »unerwünschte Einladungen mit eindeutiger Absicht«, »die Verfolgung innerhalb und außerhalb des Betriebes«, »anzügliche Bemerkungen« oder »taxierende Blicke«.[34] Es müssen deshalb gewohnte Abläufe durchbrochen, Verhaltensregeln ignoriert und vielleicht sogar eine Strafverfolgung riskiert werden, wenn wir einen Sexualpartner am Arbeitsplatz finden wollen. Signale müssen diskret gesendet werden: ein etwas intensiverer Blick, eine mehrdeutige Mail, ein verräterisches Wort oder eine »zufällige« Berührung. Leise wird kommuniziert, dass man bereit ist, eine Schranke zu durchbrechen und sich auf Unbekanntes einzulassen.

Eine Französischlehrerin begann eine Affäre mit einem Abiturienten, als sie mit ihm während der Abiturfeier über ihr Problem der Internetinstallation sprach. Spontan bot er ihr an zu helfen. Seine Besuche mündeten in eine mehrmonatige, intensive Liebesbeziehung. Das harmlose Gespräch über Module, Provider und Softwareprobleme war ein verstecktes Andockmanöver. Beide ahnten zwar, dass etwas in der Luft lag, sie verloren jedoch kein Wort darüber. Skrupel und Gewissensbisse verhinderten, dass sie offen über ihre Emotionen sprachen. Sie wussten, dass sie sich auf eine verbotene Beziehung einließen. Der persönliche Skandal begann, als sie diese Möglichkeit nicht ausschlossen.

Beziehungsaufnahmen bergen verschiedene Gefahren in sich. Man weiß zum Beispiel nicht, wie das Gegenüber reagiert und ob die Umgebung nicht etwas bemerkt. Vielleicht macht man sich lächerlich, wenn man persönliche Gefühle und Interesse ausdrückt. Um nicht unnötige Risiken einzugehen, erfolgen Annäherungen diskret. Die Öffentlichkeit oder der eigene soziale Kreis wird getäuscht. Auch das Gegenüber muss ihr oder sein Gesicht wahren können. Sexuelle Absichten werden darum verschleiert und Vorwände erfunden: Die Einladung in die Berge dient nicht wirklich der Kristallsuche, sondern ist eigentlich ein Annäherungsschritt. Beide wissen es, niemand spricht es aus. Weil Sexualität von den Zwischentönen lebt, ist Mehrdeutigkeit hilfreich. Anspielungen auf verborgene Möglichkeiten interessieren, nicht nur nackte Tatsachen. Nicht das Kollektiv entscheidet über die Beziehungsaufnahme, sondern die Fähigkeit der Betreffenden, die Mehrdeutigkeiten für erste Annäherungsschritte zu nutzen. Diese Konstellation birgt jedoch die Gefahr persönlicher Skandale.

Die unzureichenden Konventionen geben den ersten Begegnungen den besonderen Kick.[35] Die Betreffenden überlegen sich vorab die Reaktionen der Umgebung. Man möchte das Stirnrunzeln, Erstaunen oder die Empörung nicht unnötig provozieren. Man wird in einen emotionalen Sonderzustand versetzt. Es geht um ein Geheimnis. Dämonen lauern und zwingen zu vorsichtigem Vorgehen. Sie vermitteln jedoch auch das Gefühl, im Leben zu stehen. Die Gefahr, sich zu skandalieren, erhöht die Attraktivität der entsprechenden Handlungen. Viele Beziehungen beginnen mit einem kleinen oder größeren persönlichen Skandal. Die eigenen Emotionen lenken das Verhalten und diktieren das Denken.

Für Teenager in England war »elope« früher ein verbreitetes Mittel, eine Beziehung gegen den Widerstand der Eltern durchzusetzen. Heimlich schlich man sich aus dem elterlichen Hause und flüchtete nach Gretna Green. In dieser kleinen schottischen Ortschaft gleich nach der englisch-schottischen Grenze durften junge Menschen bereits mit 16 Jahren ohne Einwilligung der Eltern heiraten. Tausende von jungen Paaren strömten dorthin und begannen ihre Beziehung mit einem persönlichen Skandal. Man löste sich von den Eltern in Krach und Schande.

Persönliche Skandale verlaufen in diesem Bereich oft noch extremer. Eine Mutter mit zwei Kindern trennte sich abrupt von ihrer Familie, indem sie mit ihrem Fahrlehrer nach Frankreich durchbrannte und nicht mehr zurückkehrte. Das ganze Dorf war in Aufruhr. Man beklagte die armen Kinder. Für die Frau war diese tumultuöse Trennung jedoch die einzige Möglichkeit, sich aus einer schwierigen psychoemotionalen Familienkonstellation zu befreien. Die Abhängigkeit vom Ehemann war zu groß.

Persönliche Skandale können in der Selbstzerstörung enden. Der Film *Breaking the wave* vom dänischen Regisseur Lars von Trier schildert, wie eine junge schottische Frau sich für ihren Geliebten aufgibt. Nachdem er einen schweren Unfall auf einer Ölplattform erlitten hat und mit dem Leben kämpft, bittet er sie in Fieberträumen, ihm von ihren sexuellen Eskapaden zu erzählen. Sie folgt seinem Wunsch und gibt sich wahllos anderen Männern hin. Die Reaktion ihrer Gemeinde folgt sofort. Sie wird geächtet und ausgestoßen. Sie skandalierte sich, weil sie ihre Liebe retten wollte.

Beziehungen beginnen mit einem persönlichen Skandal, wenn der Mann oder die Frau vom sozialen Kreis des Partners nicht akzeptiert wird. Die Familie oder die Kollegen boykottieren den neuen Partner, weil er sozial, politisch oder wegen seiner Persönlichkeit nicht erwünscht ist. Er oder sie erfüllt die Erwartungen der Umgebung nicht.

Statt den lieben Schwiegersohn zu spielen, begann der Freund einer jungen Frau seine Schwiegereltern wegen ihres bürgerlichen Chalets in den Bergen zu kritisieren. Er weigerte sich zudem, Anzug und Krawatte bei einer Familienfeier zu tragen. Man reagierte indigniert. Das Verhalten dieses jungen Mannes galt als skandalös und die Wahl der Tochter als unverständlich. Die Tochter hatte sich jedoch für diesen Mann entschieden und kümmerte sich nicht um Konventionen und Familienrituale.

Wie der persönliche Skandal konkret aussieht, hängt von der unmittelbaren Umgebung und den beteiligten Personen ab. In Gottfried Kellers Novelle *Das Fähnlein der sieben Aufrechten* skandaliert sich der Sohn des Schneidermeisters Hediger, Karl, wegen seiner Beziehung zu Hermine, der Tochter des wohlhabenden Kaufmanns Frymann. Die Väter wollen die Beziehung zwischen ihren Kindern unterbinden, weil sie nicht aus denselben gesellschaftlichen Schichten stammen. Karl skandalierte sich, indem er Hermine trotz des väterlichen Widerstand auf dem See traf.

Der Beginn einer Beziehung ist für Skandale prädestiniert, weil wir bei der Wahl des Partners oder der Partnerin auf die Stimme des Herzens und nicht auf den Verstand hören. Die Gefühle sind uns wichtig und nicht, ob der oder die Betreffende den Werten und Konventionen des eigenes Kreises und der Familie entspricht. Diese romantische Beziehungswahl führt oft zu Problemen. Das Paar wird durch neue Gefühle überschwemmt und vernachlässigt die Realitäten des Lebens. Die Emotionen lassen oft keine andere Wahl. Der Skandal ist die natürliche Folge der als außergewöhnlich, romantisch erlebten Begegnung. Die heftigen Reaktionen, die Ablehnung und Empörung der Außenwelt können vom Paar sogar als Zeichen der eigenen starken Liebe interpretiert werden. Der Skandal beweist, dass man etwas Außerordentliches erlebt. In solchen Situationen geht es nicht nur um den Partner, sondern um die Hinwendung zum Besonderen im Leben. Der Skandal verwandelt sich so zum Liebesbeweis.

Lug und Trug in der Sexualität

»Meinem Mann war ich nie untreu!«, beteuert eine Patientin. Vier Analysestunden später gesteht sie eine Affäre mit einem schwarzen Musiker. »Das war doch etwas ganz anderes!«, betont sie dezidiert. »Er hatte als Musiker eine tiefe Krise, lebte allein im Berner Oberland, ich musste ihm beistehen!«

Wenn Menschen über ihre Seitensprünge, sexuellen Vorlieben, Erfahrungen und Fantasien sprechen, bleibt die Wahrheit meist auf der Strecke. Es gibt kaum ein Gebiet, bei dem mehr gelogen, geprahlt oder verleugnet wird. Äußern wir uns über sexuelle Erlebnisse, werden wir von partiellen Amnesien befallen oder entwickeln eine erstaunliche Fantasie. Berichte über sexuelle Abenteuer entsprechen selten der Realität. Unsere eigene Moral lässt nichts anderes zu.

»Er ist mir nachgelaufen und ich hatte Mühe, ihm klar zu machen, dass er mich nicht interessiert!«, verrät die 30-jährige Blondine einer guten Kollegin. Dass sie von ihm abgewiesen wurde, nachdem sie ihm etliche Liebesbriefe ins Büro geschickt hatte, ist vergessen. Sexualität ist ein derart belastetes Thema, dass der nüchterne Bericht eigener Empfindungen und Bilder fast unmöglich ist. Tatsachenverdrehungen, Übertreibungen oder Ausschmückungen geschehen nicht mit Absicht, sondern unbewusst. Wir selber nehmen den Vorgang der Verfälschung oder Verleugnung nicht wahr, sondern täuschen uns in Bezug auf das Geschilderte.

Das Bild, das wir uns von der eigenen Sexualität machen, entspricht selten der Realität, da unser Geschlechtsleben mit unseren Instinkten in Verbindung steht. Diese emotionalisieren uns, schwächen die kritische Reflexion und verändern unsere Erinnerungsbilder. Meistens sind die Verfälschungen harmlos: Keinesfalls wollte er der Kollegin zu nahe kommen, nur zufällig hat er sie berührt, beteuert ein Arbeitskollege. Seine leichte Erregung war ihm nicht bewusst.

Gelogen wird auch halb professionell: Ein Assistenzarzt notierte in seinen Krankenberichten fantastische Sexualgeschichten. Er hatte die Gabe, seine Patienten zum Reden zu bringen. Später stellte sich heraus, dass die Hälfte seiner Einträge reine Erfindung war. Beim Diktieren seiner Berichte war ihm die Fantasie durchgegangen. Er schmückte die Informationen, die die Patienten preisgaben, weidlich aus. Wenn eine Frau von einem »wilden Wochenende« bei einer Freundin sprach, dann wurde daraus eine heimliche Orgie, und wenn ein Mann erwähnte, dass es »noch andere Gründe« gab, um eine Geschäftsreise anzutreten, dann stand in der Patientengeschichte »Außenbeziehung«.

Wir mogeln auch, wenn wir *vergangene Erlebnisse* reflektieren. Retrospektiv werden sie überhöht oder stark relativiert: »... was meinst du? Ach, das mit Barbara? Das hatte nun wirklich gar keine Bedeutung!«, beteuert der Ehemann, und vielleicht glaubt er sogar an seine eigenen Worte. Barbara wäre wahrscheinlich nicht besonders erfreut, könnte sie seine Worte hören. Was wir erinnern, sind keine Tatsachenberichte, sondern Ausdruck der aktuellen psychischen Befindlichkeit und der situativen Bedürfnisse.

Wenn Liebeserlebnisse im Rückblick verherrlicht werden, mutiert eine erotische Begegnung zu einer Erscheinung der Liebesgöttin Aphrodite. Ein 30-jähriger Modedesigner betrachtet die Nacht, die er als 20-Jähriger mit einer Prostituierten verbrachte, als das wunderschönste Liebeserlebnis, das er jemals hatte. Er hat einen kurzen Einblick ins Elysium bekommen, glaubt er.

Trennt sich ein Paar, werden die sexuellen Vergangenheiten neu geschrieben: Sie hatte eigentlich schon immer ein sexuelles Problem, war langweilig und fantasielos im Bett, schildert ein Mann seiner neuen Freundin gegenüber seine Exfrau. Und er war in deren Augen »schon immer« ein Rüpel, den sie nie nicht wirklich geliebt hat. Während der Ehe hatte das noch etwas anders geklungen ...

Auch bei *Affären* wird handfest gelogen. Ein bekannter Professor der Religionswissenschaft bereiste verschiedene Staaten und galt als hoch differenzierter Redner. Wenige wussten jedoch, dass seine Vortragsreisen für ihn vor allem eine Gelegenheit waren, seine Geliebten zu treffen. Die Reisen dauerten dann eben ein bisschen länger als unbedingt nötig. Vielleicht brauchte er das Doppelleben, um den ewigen Jüngling in sich zu erhalten oder seinen trockenen akademischen Alltag zu ertragen. Seine gelebte Lüge war Teil einer Selbsterhaltungsstrategie.

Ein anderes Beispiel: Eine 30-jährige Frau bricht trotz der Eheschließung die Beziehung zu ihrem Exfreund nicht ab. Stattdessen erfindet sie eine Freundin in einer Nachbarstadt, um ihren Freund hie und da zu sehen. In ihrer Logik ist sie dies ihrer Ehe schuldig. Sie glaubt, ohne das Geheimnis, das sie mit sich herumträgt und das ihr ein schlechtes Gewissen gibt, könnte sie es nicht verkraften, eine normale Ehe zu führen und eine gute Mutter zu sein.

Oft wird bewusst getäuscht: Eine junge Frau bittet ihren älteren Ehemann mit großen Augen, er möge ihr doch endlich ein kleines Appartement in Paris kaufen – als Zeichen der Liebe, fügt sie leise hinzu. Zaghaft schiebt sie ihm das Scheckbuch zu. Gerührt unterschreibt der Ehemann, bekommt einen dicken Kuss und eine feste Umarmung. Was er nicht realisiert: Soeben hat er seiner Frau eine Bleibe für Schäferstündchen mit ihrem heimlichen Liebhaber geschenkt.

Lug und Trug haben oft ein tragisches Ende. Wird die Täuschung oder der Betrug aufgedeckt, reagiert die Umgebung meist vehement. Die gehörnten Partner antworten mit Wut, Eifersucht, Trauer, Verzweiflung und oft auch Gewalt.

Den ganzen Besitz seiner Frau trug ein Mann auf die Straße, als er einen Liebesbrief entdeckte, der bewies, dass sie ein Verhältnis zum Nachbarn unterhielt. Die Nachbarschaft konnte ein genaues Inventar aufnehmen. Leider gibt es noch drastischere Reaktionen: Eine Frau ertränkte ihre beiden Kinder im Bad, nachdem sie ihnen Schlaftabletten gegeben hatte. Anschließend wollte sie sich mit Schlaftabletten ebenfalls umbringen. Ihr Ehemann kehrte jedoch frühzeitig nach Hause und brachte sie ins Krankenhaus, sodass zumindest sie gerettet werden konnte. Der Grund ihres Handelns: Sie war davon überzeugt, dass ihr Mann sie betrog. Der Gedanke, er verbringe die Zeit mit seiner Geliebten, machte sie rasend. Ihr Tod und der der Kinder sollten die Rache sein.

Die Gefahr des vorschnellen Urteils

Hören wir von persönlichen Skandalen, reagieren wir oft moralisch. Wir verurteilen die anstößige, unbotmäßige oder irritierende Handlung und lehnen die entsprechenden Personen ab. Meistens bemühen wir unser Wertesystem und berufen uns auf unsere Konventionen. Wir empfinden es als »absolut untragbar«, dass dieser Mann seine Familie verlässt, oder schütteln vehement den Kopf, wenn eine Frau einen heimlichen Liebhaber hat.

Moralische Urteile erfüllen eine wichtige soziale Funktion. Nur wenn eine Gesellschaft zwischen akzeptablem und verwerflichem Handeln unterscheidet, kann sie neue Herausforderungen annehmen. Vitale Gesellschaften und Gruppen müssen fähig sein, das Verhalten ihrer Mitglieder zu beurteilen und sich an gemeinsamen Wertmaßstäben zu orientieren.

Das moralische Urteil hat jedoch auch seine Tücken. Geschieht es reflexartig, ohne genaue Evaluation des Tatbestandes und seiner Folgen, droht es zu einer primitiven Abwehrreaktion zu verkommen. Was der Skandal psychologisch bedeutet und welchen Schaden er *wirklich* anrichtet, wird nicht mehr reflektiert. Die Moral, das Gesetz und die Sitte werden bemüht, ohne das *effektive* Verhalten zu analysieren. Wenn etwas dem Gesetz oder der Sitte widerspricht, bedeutet dies aber noch lange nicht, dass es auch falsch ist.

Die Krankenschwester, die ihren an Muskelschwund leidenden Mann auf seinen dringenden Wunsch hin vergiftet, hat sich zwar strafbar gemacht, doch ob ihre Tat wirklich verwerflich ist, bleibt offen. Die Bäuerin, die während eines Kuraufenthalts eine Tändelei mit einem grau melierten Herrn begann, schöpft vielleicht durch die heimliche Liebesbeziehung Kraft, das problematische Familienleben auf dem Hof weiterzuführen. Hätte sie sich von ihrem cholerischen Mann getrennt, hätte die Familie den Hof verloren.

Wenn sich jemand in der Sexualität oder Liebe skandaliert, gilt es, genau hinzusehen und zu versuchen, die tieferen psychologischen Zusammenhänge zu erfassen. Vielleicht war der Skandal eine innere Notwendigkeit und bringt bei allem Ärger, Leid und bei aller Irritation auch einen Gewinn.

Eine Frau verlässt ihre Familie wegen eines jüngeren Mannes. Sie sitzt nun mit ihrem Freund verliebt an einem Strand in Südthailand und vergisst sogar ihrem Sohn eine Geburtstagsmail zu schicken. Die Trennung von der Familie birgt vielleicht einen tieferen Sinn. Ihre Kinder und ihr Mann erfahren einen Selbstständigkeitsschub und können sich von einer Fixierung auf die Mutter lösen. Die Frau hat unbewusst bemerkt, dass sie die Familienkonstellation sprengen musste, damit sich die Familie emanzipieren kann. Wenn der Ausruf »Das ist ja völlig daneben!« unsere einzige Reaktion bleibt, dann verstellt uns dies den Blick zu den etwaigen komplizierteren psychologischen Hintergründen.

Der Skandal als inneres Drama

Der persönliche Skandal ist nicht nur ein äußerliches Geschehen, sondern auch ein *inneres Drama*. Persönliche Skandale stellen unsere eigenen, verinnerlichten Norm- und Moralvorstellungen auf den Kopf. Da unsere persönlichen Wertvorstellungen in Frage gestellt wurden, haben wir mit uns selber ein Problem. Subjektiv erleben wir, dass eine andere Kraft in uns das Zepter übernommen hat. Wir konnten gar nicht anders, als uns zu skandalieren. Oft fällt es uns schwer, diesen autonomen Persönlichkeitsanteil zu akzeptieren. Das eigene Selbstbild hat keinen Platz für diesen kleinen Anarchisten. Wir handeln das Thema lieber in der Außenwelt ab und projizieren eigene sexuelle Wünsche auf die Umwelt.

In der Folge persönlicher Skandale fühlen wir uns schlecht und beginnen uns selbst abzulehnen. Persönliche Skandale ziehen darum oft Persönlichkeitskrisen nach sich. Es ist jedoch wichtig, dass wir auch uns selbst gegenüber offen bleiben, zu unseren Debakeln stehen und versuchen herauszufinden, was in uns abläuft. Wenn wir zu uns selber Ja sagen und uns nicht nach unrealistischen Leitbildern beurteilen, sollten wir die tieferen Gründe unseres Verhaltens und Erlebens ausleuchten und unser skandalöses Verhalten nicht nur einseitig verurteilen.

Ein Psychologieprofessor wurde mit seiner Frau zu einer Geburtstagsfeier eingeladen. Der Wein floss beträchtlich und die Stimmung war ausgezeichnet. Man begann herumzualbern. Der grauhaarige Mann fing damit an, einen Hund zu imitieren. Schließlich kroch er auf dem Boden herum und versuchte den weiblichen Gästen unter den Rock zu schauen. Er bellte dabei freudig, wenn er erfolgreich war. Sein Verhalten war peinlich und für einen Mann in seiner Stellung völlig unangemessen. Am nächsten Tag schämte er sich maßlos wegen seiner indiskreten Abendeinlage. Er konnte sich nicht erklären, wie er sich dermaßen unpassend verhalten hatte können. Es zeigte sich jedoch bald, dass dieser persönliche Skandal im erweiterten Freundeskreis ihm eigentlich gut tat. Er begann seine professoralen Allüren zu relativieren und sich selber mit anderen Augen zu sehen. Der persönliche Skandal löste ihn von der Rollenfixierung, der er sich selbst unterworfen hatte.

Sexualität und Imagination

»Hören Sie sich dies an«, raunt mir der Taxifahrer zu, »diese Frau ist ein Traum! Sie hat einen himmlischen Körper, ein wunderschönes Gesicht und absolut göttliche Bewegungen!« Er schwärmt von der Stimme, die aus seinem schäbigen Autolautsprecher ertönt. Mit verklärtem Blick lässt er sich von ihrer zarten Stimme durch das Verkehrsgewühl Stockholms lenken. »Meine Hände und mein Mund könnten sie in den siebten Himmel befördern!«, brummt der ältere Mann.

Einen Beweis dafür wird er wahrscheinlich nie erbringen. Die Träume, die die Stimme aus der Taxizentrale in ihm auslösen, verzaubern jedoch den Griechen. Dank seiner Fantasien erträgt er hektische Stadtfahrten und endlose Wartezeiten. Er stellt sich ihr Gesicht, ihre Stimme, ihre Hände, ihre Brüste vor und schwelgt in erotischen Bildern. In der Realität muss er Vorfahrten, Straßenschilder und Ampeln beachten. Durch seine Vorstellungen verwandeln sich seine Fahrten zu virtuellen Liebesdiensten, zu einem Vorspiel auf der Straße.

Die Schwierigkeit, objektiv und wahrheitsgetreu über sexuelle Themen zu sprechen und zu denken, hat mit der *Imaginationskraft* der Sexualität zu tun. Sexuelle Themen lösen spontan Fantasien aus. Es gibt kaum ein anderes Thema, das mit so vielen Bildern, Urteilen und Fantasien besetzt ist. Sexualität ist nicht nur eine Interaktions- und Begegnungsform, sondern ein *innerlich* bedeutungsvolles Thema. Die Innenwelt reichert Erfahrungen, Eindrücke oder Begegnungen mit persönlichen Themen an. In der Sexualität gibt es darum keine Objektivität, sondern nur eine je persönliche Reaktionsweise auf ein sensibles Thema.

Wir nehmen Sexualität als eigenständige Energie wahr, die uns Bilder und Emotionen aufdrängt. Sexualität sollte nicht auf konkrete körperliche Akte oder Techniken reduziert werden, zumal es sich bei ihr um ein Eingangstor zur menschlichen Seele handelt. Sie ist ein Dämon, der uns bedrängt, aufwühlt, beglückt, erfreut und immer wieder irritiert. Die Fantasien, die wir zur Sexualität entwickeln, gehören genauso zu ihr wie die Tatsache, dass wir als geschlechtliche Wesen geboren werden.

Unsere Imaginationen verwischen die Grenze zwischen Realität und Fantasie. Äußere Wahrnehmungen werden mit inneren Bildern und Emotionen ausgeschmückt. Diese verzaubern die Welt, verwandeln das Dasein und machen aus einem banalen Garten ein Paradies, aus einer kargen Mahlzeit ein Festmahl und aus einem ereignislosen einen beglückenden Tag.

Im Film *Der blaue Engel* verliebt sich Professor Unrat Hals über Kopf in eine leichtlebige Kabarettsängerin, gespielt von Marlene Dietrich. Mit ihrem Augenaufschlag, ihrem Lied »Ich bin von Kopf bis Fuß auf Liebe eingestellt« und ihren Beinen transportiert sie den alten Gelehrten in eine andere Welt. Erst als er sich als Gockel auf der Bühne des billigen Etablissements vor seinen Studenten skandaliert, realisiert er, welch böses Spiel mit ihm getrieben wird.

Was Sexualität in unserer Seele auslöst, bleibt meistens ein privates Thema. Wie wir über die Sexualität imaginieren, behalten wir für uns. Um die eigenen Fantasien und Empfindungen mitzuteilen, sind viel Vertrauen ins Gegenüber, der richtige Ort, der richtige Zeitpunkt und auch die Fähigkeit, in sich hineinzuschauen, notwendig. Viele Menschen sind überzeugt, über ganz spezielle sexuelle Ansprüche und Bilder zu verfügen. Sie schämen sich, wenn sie an eine Orgie denken, mit zwei Männern gleichzeitig schlafen oder ans Bett gefesselt werden wollen. Die Imaginationen über die Sexualität entziehen sich aber der Willenskontrolle. Problematisch wird es, wenn wir von Fantasien bedrängt werden, die radikal der eigenen Lebenshaltung widersprechen, zum Beispiel die emanzipierte berufstätige Frau, die sich in ihrer Fantasie von einem Macho zu Sex auf dem Küchentisch zwingen lässt, oder der liebende Familienvater, der von Sex mit einem Kind träumt.

Trotz aller Aufklärung reservieren wir das Thema Sex für intime Gespräche. Meistens verfügen die Gesellschaften über eine beschränkte Zahl von Wörtern und Begriffen, um Fantasien auszudrücken. Es fehlen die Metaphern und zudem empfinden wir viele Ausdrücke als ordinär. Etliche sexuelle Themen sind zudem mit einem Tabu belegt. Während wir unsere Leistungen und Erlebnisse im Kochen, im Singen oder in einem Fachgebiet mit Hilfe von Tausenden von Fachwörtern differenziert kommunizieren, bleiben unsere Sprachkompetenzen beim Thema Sexualität eigenartig flach. Obwohl immer wieder versucht wird, dagegen anzukämpfen, nimmt uns die Sexualität im Alltag immer wieder die Sprache. Die Potenz und die seelische Bedeutung sind zu groß, um unsere Vorstellungen in die reguläre Kommunikation einfließen zu lassen. Unsere sexuellen Imaginationen dringen darum selten an die Öffentlichkeit und werden kaum den Kollegen, oft nicht einmal dem Partner mitgeteilt.

Sexualität ist eine Erlebnisdimension, die wir nicht nur über ein äußeres Objekt wahrnehmen, sondern die uns mit elementaren Emotionen verbindet. Sexuelle Erlebnisse sind Momente, die uns ganz ins Leben werfen. Es kommt zu einer Aufhebung der Gegensätze und dem Gefühl, man zerfließe in einer göttlichen Einheit. Wir katapultieren uns in eine andere Sphäre des Seins, in der wir das eigene Geschlecht erfahren und gleichzeitig völlig im Kontakt mit dem Gegengeschlecht oder Partner sind. Die Sexualenergie nehmen wir nicht nur als Kraft wahr, die uns zu einem attraktiven Objekt hinzieht, sondern als urtümliche Energie, die von innen herausdrängt und darauf pocht, in der Außenwelt respektiert zu werden.

Weil sie von innen her kommt, verändert sich auch unsere Wahrnehmung. Unsere Sinne werden durch die Sexualität irritiert. Was wir sehen, hören, riechen und spüren, entspricht nicht den objektiven Tatsachen. Wir werden verblendet. Wenn wir körperlich erregt sind, sind wir und unsere Umgebung verwandelt. Die Welt, andere Menschen, alles ist verzaubert, und wir stehen unter einem Drang, uns ganz beim Partner oder der Partnerin einzubringen, uns ganz dem anderen hinzugeben. Diese intensive Gleichzeitigkeit von Innen und Außen macht Sexualität so ungeheuer attraktiv. Sexualerlebnisse bedeuten darum nicht einfach, wegen einer schönen Frau verzückt oder durch eine erotische Berührung ergriffen zu sein, sondern die Emotionen wählen körperliche Ausdrücke, um sich darzustellen. Wir sind außer uns, wir verhalten uns leidenschaftlich und hingebungsvoll.

Das Sprengen der Fesseln des Bewusstseins

Wegen dieser Gleichzeitigkeit des Innen und Außen haben sexuelle Erlebnisse oft eine *Ausbruchsqualität*. Sie sprengen die Fesseln unseres Bewusstseins, missachten Konventionen, irritieren unsere Glaubenssysteme oder bewussten Haltungen. Sexualität verändert das Seinsgefühl radikal und eröffnet andere Dimensionen. Wir tauchen in sie ein, weil unsere Innerlichkeit sich mit einem äußeren Objekt verbindet. Wir werden aus unserer ichbezogenen Isolation herausgeholt und sind im Kontakt mit dem ganz Anderen. Die existenzielle Einsamkeit, die wir alle leben, wird temporär aufgehoben. Wir sind nicht nur mit einem Partner vereint, sondern mit dem Leben, der Natur an sich.

Für viele Menschen ist darum die gelebte Sexualität mit einem Partner oder einer Partnerin ein Lebensbereich, in dem sich sehr viele Energien verbergen. Durch die Sexualität vergessen sie den Alltag. Es gelingt vielleicht sogar, den Alltag neu zu definieren. Sexualerlebnisse sind deshalb meistens etwas sehr Positives. Wenn das Innen und Außen *nicht* übereinstimmen, wird Sexualität als Traum oder zumindest als starke Irritation erlebt.

Weil Sexualität ein Zusammentreffen der inneren Welt mit äußeren Realitäten ist, haben Vorstellungen hier eine riesige Macht. Die erotischen und sexuellen Bilder, die wir im Kopf haben, prägen unsere sexuellen Erlebnisse. Einen Körper empfinden wir nicht nur als schön, wenn er tatsächlich attraktiv ist, sondern wenn das entsprechende erotische Bild in uns präsent ist. Das innere Bild prägt die äußere Figur. Was in uns abläuft, ist darum genauso wichtig wie das äußere Geschehen. Ein gutes Sexualleben kann deshalb nicht nur über Techniken oder das Wissen über verschiedene Stellungen gelernt werden, sondern hat entscheidend mit den innerlich aktivierten Bildern, der Imagination zu tun.

Gelingt es uns, selbst in eine erotische Bilderwelt einzutauchen, dann ist die Chance groß, dass wir Berührungen und Worte als lustvoll und erregend empfinden. Eine schöne Stimme, eine attraktive Bewegung, ein reizendes Gesicht sind darum immer auch ein Hinweis auf eine *innere Metapher* oder ein *inneres Bild*.

Attraktive Wahrnehmungen führen zu uns selbst. Sie verbinden uns mit inneren Energien und spiegeln unsere Persönlichkeit. Der Partner oder die Partnerin wird zu einem Bild der inneren Vorstellungswelt. Er oder sie ist für die real erlebte Sexualität unentbehrlich, doch die innere Bilderwelt ist Voraussetzung für tief empfundene Sexualität.

In der Masturbation spüren wir der eigenen sexuellen Bilderwelt nach, ohne realen Kontakt. Welche Bilder erregen, hängt nicht nur von den äußeren Erfahrungen, sondern auch von den inneren Bedingungen ab. Masturbationsfantasien sind deshalb eine Möglichkeit, den inneren Anteil sexuellen Erlebens zu identifizieren.

Ist Sexualität zivilisationsresistent?

In der Sexualität neigen wir zu Skandalen, weil ein Unterschied zwischen akzeptierten gesellschaftlichen Bildern und privaten Fantasien besteht. Das persönliche Erleben deckt sich häufig nicht mit der öffentlichen Meinung. Die Kluft zwischen innerer Wirklichkeit und sozialen Realitäten führt zu falschen Erwartungen, Projektionen, Enttäuschungen und zu einer unstillbaren Sehnsucht. Unsere Seele speist uns mit Bildern, die sich immer nur in der Verblendung erfüllen lassen. Wir verbinden Sexualität mit ewigem Glück, mit Ganzheit, numinosem Schaudern oder ekstatischen Momenten. Der Mensch skandaliert sich in der Sexualität, weil ein sexueller Urquell ihm immer wieder neue Erwartungen und Hoffnungen in den Kopf setzt. Sexualität bleibt deshalb zivilisationsresistent und lässt sich nicht durch starre Regeln bändigen. Wir erleben Sexualität als etwas Spezielles, Faszinierendes, Ekelhaftes oder Abstoßendes. In unserem privaten Innenraum repräsentiert Sexualität eine Kraft, die uns durcheinander bringt, ohne dass sie sich wirklich zu erkennen gibt.

In der Apuleius-Sage wird Psyche des Nachts von Eros besucht. Sie erleben wunderbare Liebesnächte. Eros verlangt jedoch, dass absolute Dunkelheit herrscht. Mit der Zeit möchte Psyche jedoch die Gestalt von Eros sehen. Als Psyche eine Öllampe ins Schlafzimmer schmuggelt und Eros beschauen will, verschwindet Eros. Er will Dunkelheit, Privatheit und sucht das Geheimnis. Zu viel Licht verjagt Eros.

Eine anarchische Kraft

Wenn die äußere Realität mit den inneren Sehnsüchten zusammenfällt, erleben wir die entsprechenden Momente als überwältigend. Wir werden aus der Banalität des Daseins herausgerissen und spüren das Gefühl einer quasi göttlichen Erhabenheit. Eine innere Wirklichkeit überschwemmt uns und verzaubert das Dasein. Wir sehen und denken nicht mehr klar, sondern entschweben förmlich. Solche Momente sind paradiesisch. Es sind die Momente, in denen die Stimme im Radio des Taxifahrers zu einem richtigen Menschen wird. Das Dasein wird magisch verwandelt und das Leben dient nur noch als Bühne für eigene Imaginationen. Solche Momente sind nur möglich, weil wir in unserem inneren Leben von Bildern überflutet werden.

Ein Familienvater muss geschäftlich nach Japan fliegen. Seine Frau und die zwei Kinder verabschieden ihn am Flughafen, es fließen Tränen. An Bord des Flugzeugs begrüßt ihn eine schwarzhaarige Stewardess. Er spürt ein eigenartiges Gefühl in der Bauchgegend, sie lächelt verlegen. Bis zum Persischen Golf tauschen sie schüchterne Blicke aus, über Indien bekommt er einen speziellen Drink von ihr serviert und über Südostasien wird klar, dass sie einander nicht mehr ausweichen können. In Tokio angekommen, eilen sie in ein Hotel und verbringen drei himmlische Tage und Nächte miteinander. Zwei Wochen später kehrt der biedere Familienvater nach Hause zurück und verkündet der verdutzten Familie, dass er sie verlassen werde. Er zieht in eine Einzimmerwohnung in der Nähe von Zürich und träumt von gemeinsamen Wochenenden mit seiner himmlischen Geliebten, die ihr irdisches Domizil in Frankfurt hat. Die Beziehung entwickelt sich nicht und verläuft im Sand. Nach einem halben Jahr trennen sie sich wieder.

Solche Ereignisse beweisen nicht nur den Triebdruck der Sexualität, sondern verweisen auch auf die überwältigende Imaginationskraft, die der Sexualität innewohnt. Sie löst uns vom realen Dasein und versetzt uns temporär in eine andere Szenerie. Geschichten wie diese verraten die anarchische Potenz dieser instinkthaften Kraft. Wenn innere Sehnsüchte mit äußeren Ereignissen zusammentreffen, brechen unsere Widerstände in sich zusammen.

Wenn ein Paar, sei es in einer Liebesbeziehung oder einer Freundschaft, sich seelisch miteinander verbunden fühlt, genügen die sozialen Konventionen und Rituale nicht, um die Wirklichkeit der Beziehung einzufangen. Tiefe seelisch-emotionale Begegnungen entziehen sich den Konventionen. Da die innere Welt mit einer realen Person zusammentrifft, neigen die Partner zur Anarchie. Die Welt wird um die Begegnung herumarrangiert. Orte werden zu Zentren erklärt, die sonst kaum beachtet würden.

Die zweite Säule des Vordachs einer Straßenbahnhaltestelle war für ein junges Paar der private magische Ort. Dort hatten sie sich kennen gelernt und dort trafen sie sich jeweils vor der

Arbeit. Ein anderes Paar suchte einen Baum und wählte ihn zu seinem heiligen Ort.

Paare erleben sich oft als einzigartig und wollen diesem Gefühl Ausdruck verleihen. Die Ursehnsucht nach der außergewöhnlichen Begegnung mit uns selber in der Auseinandersetzung mit einem geliebten Menschen ist ein Grund, warum wir uns immer wieder in der Liebe und in der Sexualität skandalieren. Ohne Neudefinition der Welt geht es nicht, denn sonst wird das Erlebnis Liebe banalisiert. Die Umdeutungen verlieren jedoch ihren Zauber und ihre Faszination mit der Zeit – oder auch sehr rasch:

Als er sie zum ersten Mal sah, zitterten ihm die Knie. Ihr Anblick verzauberte ihn. Er musste die unbekannte Mitfahrerin im Bus kennen lernen. Eine Woche später traf er sie nochmals an, es kam zu einem Gespräch und er lud sie zu einem Abendessen ein. Der Abend war wunderbar. Zwei Wochen später näherten sie sich auch körperlich. Sie begann ihre Bluse auszuziehen. Er konnte es kaum erwarten. Auf ihrem Rücken erblickte er dann ein Muttermal, aus dem ein schwarzes Haar herausragte. Plötzlich war der Zauber weg. Die Frau interessierte ihn nicht mehr.

Verbotene Lieben

Eine andere Art, wie sich die anarchische Qualität der Sexualität manifestiert, sind *heimliche Liebesszenarien*. Das Außergewöhnliche bleibt hier durch die Tatsache des Verbotenen erhalten. Neben dem Mann oder der Frau wird heimlich noch eine Geliebte oder ein Liebhaber unterhalten. Eine solche Beziehung kann in der Realität oder nur in der Fantasie ausgelebt werden.[36] Oft stehen diese Begegnungen in deutlichem Kontrast zum sonstigen, so genannten normalen Leben:

Eine junge Frau ist bekannt für ihr großes Engagement für den Kirchenchor. Sie bereitet sich intensiv auf die Verlobung mit ihrem Freund vor und freut sich auf die gemeinsame Wohnung. Sie gilt bei allen als brave, angepasste und liebe Frau. Was niemand von ihr weiß und ihre soziale Umgebung völlig überraschen würde, ist, dass sie hie und da einen heimlichen Liebhaber trifft. Ihm gibt sie sich in ekstatischen Nächten hin. In ihrer Wahrnehmung lebt sie die anrüchige Schlampe in sich aus, die sich hinter einer unauffälligen Person versteckt. Das folgsame Mädchen, das sie gegenüber ihrem Freund, ihrer Familie und im Rahmen der Kirchengemeinde darstellt, ist nur ein Teil ihrer Persönlichkeit. Von ihrer wilden Seite weiß kaum jemand.

Die konventionelle Antwort wäre, dass sie diese wilde, anarchische Seite in ihre Beziehung integrieren sollte. Statt in einer fernen Stadt ihre Fantasien auszuleben und ihren baldigen Verlobten zu betrügen, gilt es, diese Energie in die Beziehung einfließen zu lassen. Das Problem ist aber, dass die Sexualität diese unmöglichen, nicht ins Leben eingebauten Randsituationen *sucht,* um sich zu manifestieren. Sie wählt sich ihre Austragungsorte selber.

Gerade durch die heimliche Außenbeziehung erlebt diese junge Frau ihre Sexualität. Der Moralbruch bringt sie in Verbindung mit ihrem seelischen Kern. Sie braucht den Verstoß gegen die Konventionen, um sich in ihrer Existenz zu erfahren und mit sich selber in Kontakt zu kommen. Der persönliche Skandal heißt für sie, dass sie genau das tut, was alle von ihr *nicht* erwarten. Die heimliche Liebesbeziehung ging sie nicht nur aus Lüsternheit ein, sondern sie braucht auch ein alternatives, moralisch anstößiges Element, um sich weiterzuentwickeln.

Durchbruchshandlungen

Eine wohlhabende Frau muss ihren Wagen in die Werkstatt bringen. Sie möchte an ihrem Jaguar XJ die Sommerreifen montieren lassen. Der Tankwart versteht leider kein Deutsch. Zusammen gehen sie in eine weiter innen liegende Halle der Werkstatt. Dort erblickt sie den Mann im Overall, sieht seine Brusthaare und empfindet ihn plötzlich als ungeheuer erotisch. Er blickt ihr in die Augen. Plötzlich ergreift er sie an der Hand, zieht sie auf einen Berg von Reifen und sie beginnen sich intensiv zu lieben.

Eine dramatische Form des persönlichen Skandals sind *Durchbruchshandlungen*. Dies sind unerwartete sexuelle Begegnungen oder Kontakte. Urplötzlich wird man erregt oder findet sich sogar in einer kompromittierenden Situation wieder. Aphrodite mischt sich ins Leben ein.

Ein Mann berichtete, wie er mit seiner Frau zu einem großen Abendessen eingeladen war. Sie saßen an einem langen Tisch und hörten sich verschiedene Reden an. Plötzlich fiel sein Blick auf eine weiter vorne sitzende unbekannte Frau. Sie sahen sich in die Augen und innerhalb von Sekunden war klar, welches die nächsten Handlungen sein würden. Sie entfernten sich gleichzeitig von der Tafelrunde, traten in den Vorgarten und nach dem Austausch von nur wenigen Worten begannen sie sich zu küssen und zu umarmen. 15 Minuten später kehrten beide leicht verwirrt zur Tafelrunde zurück. In den nächsten Tagen hatte der Mann große Mühe, dieses Erlebnis selbst einzuordnen. Er betonte, dass er doch »nicht so sei«, und konnte nicht nachvollziehen, was mit ihm geschehen war. Seine Vorsätze waren plötzlich über Bord geworfen.

Bei sexuellen Durchbruchshandlungen brechen die normalen Sexualnormen zusammen und die Konventionen sind plötzlich ungültig. Es wäre zu einfach, solche Vorkommnisse nur mit großem Triebdruck oder einer unbefriedigenden persönlichen Lebenssituation zu erklären. Solche soziologischen oder psychologischen Erklärungen greifen zu kurz.

Bei diesen Ereignissen inszeniert sich die Seele selber. Sie verfolgt gewisse Ziele. Durchbruchshandlungen haben eine eigenständige Qualität. Sie sind in der Sprache C.G. Jungs nicht nur ein Folgeereignis in einer Kette von Geschehnissen, sondern sind oft eigenständig. Die effektive Handlung ist nicht nur ein Missgeschick, sondern birgt ihren tieferen Sinn. Eine spezifische Situation oder Gelegenheit wird zum Anlass, die anarchische Potenz der Sexualität zu demonstrieren.

In der Sprache der analytischen Psychologie hat Pan, der Gott der Instinkte, der phallischen und primitiven Sexualität, für kurze Zeit das Zepter übernommen und jagt allen Schrecken ein.[37] Oft ist diese panische, beunruhigende Sexualität notwendig, damit wir selber wieder zu Sinnen kommen und uns wirklich in unserem körperlichen Sein spüren.

Weil Sexualität eine schwer zu zivilisierende Kraft ist, fordert sie immer wieder heraus und führt zu persönlichen Skandalen. Die jeweiligen gesellschaftlichen Strukturen werden in Frage gestellt. Unabhängig vom Freiheitsgrad oder dem Sittenkodex sprengt Sexualität immer wieder Normen und die Moral. Wir sind machtlos angesichts der archetypischen Kraft der Sexualität, sei sie aphroditisch oder panisch. Sexualität bedeutet ein Eintauchen in die inneren Bilder und Fantasien, jedoch auch das Zulassen von erotischen Stimuli. Sexualität hat sowohl mit äußeren Empfindungen und Wahrnehmungen zu tun wie auch mit der Hinwendung zu inneren Impulsen. Das sexuelle Erleben pendelt zwischen den Polen Innen und Außen. In der »Liebe auf den ersten Blick« werden wir direkt mit diesem Phänomen konfrontiert:

Ein Architekt sieht den Rücken und die Haare einer Frau, die vor seinem Fenster vorbeihuscht. Er gerät in Aufregung, nimmt seinen Mantel und stürzt ihr nach. Er denkt, dass dies die Frau seines Lebens sein muss, sein Herz rast und er hört schon die Hochzeitsglocken schlagen. Als er sie schließlich eingeholt hat, neben ihr steht und sie genauer ansieht, sind plötzlich alle Gefühle weg. Seine inneren Bilder, seine Imagination haben ihm einen kleinen Streich gespielt.

Das Dilemma zwischen Fantasie und Realität

Die innere Bedingtheit der Sexualität führt zu einem Dilemma: Sollen wir uns bei der Sexualität an der Außenwelt oder an den Fantasien orientieren? Da Sexualität eine Verbindungsmacht zwischen zwei Welten darstellt, lebt sie im Zwischenbereich.

Ist die *Außenwelt* der Referenzpunkt, droht die Normierung. Sexualtechniken, Stellungen und Handbücher werden wichtig. Was und wie »man« es macht, ist ausschlaggebend. Es besteht die Gefahr, dass wir dann in Klischees denken und uns nur vom Zeitgeist beeinflussen lassen. Im Austausch mit anderen Menschen entstehen so Normalitätsvorstellungen. Normal ist dann beispielsweise, wer zweimal die Woche Sex hat, bei wem das Vorspiel 20 Minuten dauert, wenn der Mann auch feinfühlig und zärtlich ist und die Frau auch ihre wilde Seite auslebt. Es etablieren sich Kryptodogmen, wie sexuelle Erlebnisse und Prozesse sein sollten. Meistens fügen wir uns unbewusst den Bildern, die unser Kollektiv uns präsentiert.

Stellen wir *Fantasien* ins Zentrum, werden Träume und romantische Vorstellungen wichtig. Die Außenwelt dient hier als Quelle für Metaphern und Bilder. Man träumt und schwärmt. Der Innenbereich verhält sich anarchischer und weniger beziehungsorientiert. Menschen dienen als Projektionsträger für die eigenen Wünsche. Wer die Personen wirklich sind, welche persönlichen Stärken und Schwächen sie auszeichnen, interessiert weniger. Oft stört sogar die Realität:

Eine 18-jähriges Mädchen schwärmte für Mark Owen, ein Mitglied der ehemaligen Popgruppe »Take That«. Ihr ganzes Zimmer war behängt mit Bildern dieses Sängers. Schließlich geschah das Unglaubliche: Sie gewann einen Wettbewerb, wurde eingeladen, ein Konzert in Frankfurt zu besuchen und anschließend mit den vier Bandmitgliedern zusammenzusitzen. Sie konnte vor Aufregung kaum schlafen vor ihrer Abreise, sie war durcheinander und malte sich immer wieder aus, wie das Treffen mit ihrem Liebling wohl sein würde.

Zwei Wochen später. Sie zögerte, als ich sie nach ihren Erlebnissen in Frankfurt fragte. Schließlich gestand sie, dass das Treffen mit Owen eine herbe Enttäuschung gewesen sei. Als sie ihn in der Garderobe antraf, hielt er tatsächlich *eine Dose Bier* in der Hand. Von diesem Moment an interessierte er sie nicht mehr ...

Die Träume und Fantasien der Innenwelt folgen ihren eigenen Gesetzmäßigkeiten. Dies zeigt sich darin, dass viele Männer und Frauen während des Sex nicht an den Partner denken, sondern in anderen erotischen Bildern schwelgen.

Unser Dilemma ist, dass die gelebte Sexualität sich nie ganz den inneren Vorstellungen fügt. Was wir erleben, entspricht immer nur in etwa den Fantasien. Was innerlich abläuft, deckt sich nur partiell mit äußeren Realitäten. Sexualität bleibt darum ein Spiel zwischen zwei Welten, das durch den synchronen Ablauf von Innen und Außen zu einem intensiven, befruchtenden Erlebnis werden kann.

Wir skandalieren uns in der Sexualität, weil wir immer wieder danach trachten, diese zwei Welten, die oft *nicht* übereinstimmen, in Einklang zu bringen. Wenn wir uns wirklich dem Leben stellen und nicht als lebendige Mumie in der Normalität des bürgerlichen Lebens oder eines x-beliebigen Kreises enden wollen, bleibt uns gar keine andere Wahl, als von Zeit zu Zeit den Skandal zu wagen. Das Außergewöhnliche, Bizarre und nicht Normgerechte müssen gewagt oder fantasiert werden, damit die Verbindung mit der Innenwelt erhalten bleibt. In der Sexualität ist der persönliche Skandal eine existenzielle Notwendigkeit.

Das Zelebrieren einer Beziehung

Der seelischen Notwendigkeit des periodischen persönlichen Skandals in der Sexualität steht das Bedürfnis nach einer intakten und tragenden Beziehung gegenüber. Wie können wir uns skandalieren, ohne den Partner oder die Partnerin zu verletzten oder die Beziehung zu gefährden? Wenn wir nicht egoistisch nur die eigenen Bedürfnisse ausleben, sondern auf Bezugspersonen Rücksicht nehmen wollen, wird der persönliche Skandal problematisch. Durch den persönlichen Skandal lösen wir nicht nur in uns selber ein Chaos aus, auch die Umgebung muss mitleiden. Was für uns selbst vielleicht noch knapp ertragbar ist oder sogar eine seelische Entwicklung bedeutet, wird für einen Mitmenschen oder den Partner vielleicht zum Trauma.

»Du schläfst heute im Wohnzimmer!«, teilte der Mann seiner Frau in kurzen Worten mit. Er kehrte von seiner Kneipentour zurück und hatte eine andere Frau im Schlepptau. Da er mit dieser Gelegenheitsbekannten das Schlafzimmer teilen wollte, wurde seine Frau kurzfristig ausquartiert. Seine Verhaltensweise ist offensichtlich skandalös.

Wenn wir vom Mut zum Skandal sprechen, dann nicht im Sinne des freien Auslebens jedes persönlichen Bedürfnisses. Es geht vielmehr um eine ernsthafte Auseinandersetzung mit sich selber und der Konfrontation mit der vernachlässigten

Schattenpersönlichkeit. Wichtig bleibt die Rücksichtnahme auf Bezugspersonen. Doch auch wenn wir einen Menschen lieben und die eigene Sexualität ganz in den Dienst einer Beziehung stellen, ist es nicht immer einfach, die anarchische Potenz mit einem Menschen zu teilen. Mit der Zeit schwindet die anfängliche erotische Überschätzung des Partners und weicht einer realistischeren Einschätzung des Gegenübers. Die ursprüngliche sexuelle Faszination bleibt eine ferne Erinnerung. Bei vielen Paaren droht die Sexualität in diesen Momenten zur Pflichtübung zu werden. Oder die sexuellen Kontakte werden minimalisiert, man hat sich arrangiert. Das Sexualleben wurde domestiziert und seine aphroditische oder panische Qualität verloren.

Gelingt es dem Paar jedoch, gemeinsam seinen erotischen Fantasien, Ambivalenzen und Eigenheiten nachzugehen, kann sich dies positiv auf die Beziehung auswirken. Das Paar verfällt nicht der Routine, sondern Sexualität wird als dynamischer Prozess und Quelle neuer Ideen erlebt. Das gegenseitige sexuelle Erleben kann sich vertiefen, wenn es gelingt, die anarchische, verschiedengestaltige Vielfalt der Sexualität zu nutzen und in die Beziehung einzubringen. Voraussetzung dafür ist, dass der Mut aufgebracht wird, zu den eigenen Fantasien und Gedanken zu stehen. Unanständiges, Anstößiges und vielleicht auch Unangebrachtes müssen verbalisiert werden. Was man sonst nicht sagt, soll ausgedrückt werden. Dabei ist Vorsicht angebracht, da der Partner oder die Partnerin nicht immer bereit ist, den inneren Bildern nachzuspüren. Da man den Partner kennt und mit seinen Ängsten, Bedürfnissen und Erwartungen vertraut ist, neigen wir rasch zum Rückzug. Man will ihn oder sie nicht verletzen.

Eine Frau gestand ihrem Mann, dass sie eigentlich nur richtig erregt wird, wenn sie sich als Prostituierte behandelt fühlt. Für den Ehemann war dieses Geständnis ein Schock. Er hatte sich liebend um sie gekümmert, sich als guter Ehemann bewährt und war eigentlich stolz auf seine Zärtlichkeit! Nach vielen, schwierigen Gesprächen beschlossen sie, dass er jeweils 200 Schweizer Franken auf den Nachttisch legt, bevor er mit ihr schläft. Das Sexualleben veränderte sich für beide. Ihm ihren Wunsch mitzuteilen, erforderte viel Mut von ihr und bedeutete einen kleinen, persönlichen Skandal.

Sexualität ist eine große Verbindungsmöglichkeit zwischen zwei verschiedenartigen Menschen. Die großartige Bereicherung bringt jedoch auch Probleme mit sich. Nach den ersten, meist stürmischen Kontakten erleben sich die Geschlechter in ihrer Unterschiedlichkeit. Während am Anfang Paare ihre inneren Differenzen oft nicht wahrnehmen, da sie von überwältigenden Emotionen erfüllt sind, manifestieren sich mit der Zeit die Unterschiede. Frauen erleben Sexualität zum Teil anders als Männer. Während Frauen Intimität oft durch Sprache erleben, erfolgt dies bei Männern häufig durch direkten körperlichen Kontakt. Männer lassen sich eher durch visuelle Stimuli anregen und weniger durch Worte. Zudem spielt bei Männern die Frau oft als Repräsentant der Kategorie weiblicher Mensch eine Rolle, während Frauen rascher in Beziehungskategorien denken. Für Frauen ist Zärtlichkeit wichtiger, während Männer eher dem aggressiven, erforschenden Moment nachleben. Die psychologischen Unterschiede der Geschlechter machen vor dem Bett nicht Halt.

Die Fiktion der normalen Sexualität

In der Sexualität erleben wir eigene Fantasien und Emotionen und erfahren uns in unserer eigenen Körperlichkeit. Diese Energien manifestieren sich in der Begegnung oder Auseinandersetzung mit einem Sexualpartner oder auch in uns allein. Da unser

Sexualleben mit unserer Seele intensiv verknüpft ist, bringt es uns meistens mit der Tiefe unserer Seele in Verbindung. Sexualität gehört darum zum Bereich der Unterwelt. Diese wird nicht durch die Gesetze und Mächte der Oberwelt regiert. Während in der Gesellschaft Sexualnormen und Erwartungen definiert werden, herrscht in der Unterwelt archetypische Vielfalt. Vieles ist möglich. Es gibt darum *nicht* eine normale oder gesunde Sexualität, sondern hunderte verschiedene Formen und Erlebnisweisen.

Die Sexualität kann sich über verschiedene archetypische Muster ausdrücken. Mit dem Begriff des Archetyps können wir diese innere Vielfalt sexuellen Erlebens im Menschen erfassen. Beim Archetyp handelt es sich um ein Urmuster menschlichen Verhaltens. Wenn wir in Archetypen denken, lassen wir die ganze Bandbreite sexuellen Erlebens zu. So wird die Gefahr geringer, dass wir eine bestimmte gesellschaftliche Norm oder Richtlinie als die »gesunde« Sexualität definieren.

Während eine Person eine aphroditische, verführerische, spielerische und leicht flatterhafte Sexualität lebt, passt zu einem anderen Menschen die tugendhafte Hera-Sexualität mehr. Aphrodite liebt es zu spielen, Nähe und Distanz als Lockmittel einzusetzen, und lebt von der Unmittelbarkeit des Moments. Sie ist verführbar, sinnlich und flirtet. Hera, die Schutzpatronin der Einehe, neigt eher zu einer symbiotischen Sexualität. Sie favorisiert die eher nüchterne Beziehungssexualität. Für sie ist Sexualität auch ein Mittel, den Mann zu beruhigen und an sich zu binden. Sie ist weniger an der sinnlich-orgiastischen Qualität der Sexualität interessiert.

Ein anderer Archetyp mag Hetäre sein. Für sie ist Sexualität ein Mittel, auch geistig angeregt zu werden, Kultur zu kreieren und Menschen zu fördern. Ein Puer, der ewige Jüngling, oder eine Puella, die ewige Tochter, sucht in sexuellen Erlebnissen nach der Anima. Nicht reale Beziehungen stehen im Vordergrund, sondern *Beziehungsmöglichkeiten*. Sexualität und Erotik sind in der Anfangsphase spannend, aufregend und prickelnd; die Faszination schwindet jedoch rasch, wenn man sich verpflichten und binden sollte. Interessant ist hier der Sexualpartner, der weit weg wohnt, den man nur selten sieht oder der fest gebunden ist.

Einige Archetypen haben eine anrüchige Qualität: Frauen sehen sich vielleicht gerne als Hexe oder als verführerisches Mädchen, während Männer sich gerne mal als Macho inszenieren oder sich als Opfer sehen möchten. Da die Kultur definiert, welcher Archetyp zugelassen wird, sind solche alternative Formen des sexuellen Erlebens oft schwer zu leben. Trägt eine Person ein Erlebnismuster in sich, das sie aus kulturellen Gründen nicht leben darf, kann ihr ihr Archetyp zum Problem werden. Im persönlichen Skandal kann eine solche alternative Form sexuellen Erlebens durchbrechen.

Der archetypischen Breite der Sexualität stehen die kulturellen Normalitätsvorstellungen gegenüber. Skandale stellen diese »normale« Sexualität in Frage. Zu den anarchischen Formen der Sexualität haben wir jedoch ein zwiespältiges Verhältnis. Als Mitglied einer bestimmten Kultur müssen wir sie ablehnen. Wir sind aber auch von ihnen fasziniert. Etwas anderes, nicht Kollektives schimmert durch, es lockt der Tabubruch.

Heute heißt das vielleicht, dass die männliche Macho-Qualität wieder an Attraktivität gewinnt. Da der Softie inzwischen in vielen Kreisen zur Norm erklärt wurde, beginnt das Gegenteil wieder zu faszinieren. Die Institutionalisierung eines Leitbildes erhöht die Attraktivität des Gegentypen. Vielleicht bedeutet der Macho einen Tabubruch, vielleicht verspricht er eine neue Qualität sexuellen Erlebens. Wird der Macho jedoch wieder zur Norm, ist auch sein Zauber wieder weg. Frauen vermissen dann wieder den emphatischen, feinfühligen Mann.

Dadurch dass Sexualität die innere Welt mit der äußeren verbindet, konfrontiert sie uns immer unweigerlich mit uns selbst. Sexuelles Erleben ist also immer auch eine Metapher für den Archetyp, dem wir nachleben. In der Art und Weise, wie wir Sexualität inszenieren, zeigt sich unsere Persönlichkeit. In unserem Sexualleben und in unseren Fantasien stellen sich die tieferen seelischen Schichten dar. Anstatt den Normvorstellungen der Sexualität zu gehorchen, gilt es, dieser archetypischen Breite in sich nachzugehen, vielleicht sogar hie und da den Skandal zu wagen, damit wir unserer eigenen Persönlichkeit gerecht werden.

Die Kunst des Scheiterns

Der persönliche Skandal als Weg zu sich selbst

1932, kurz nachdem das Kind von Charles Lindbergh entführt und später ermordet aufgefunden wurde, wurde Salvador Dalí zu einer Kostümparty eingeladen. Mythische und historische Kostüme sollten getragen werden. Es erschienen Hexen, Feen, Kobolde, Zigeuner, Matrosen, Piraten, Prinzessinnen und Neger. Salvador Dalí wählte jedoch keine übliche Figur. Er hatte einen Schnuller im Mund, eine Babymütze auf dem Kopf und trug eine übergroße, teilweise blutige Windel. Er sei das Kind Charles Lindberghs. Sein geschmackloser Auftritt löste Empörung aus.

Das Verhalten von Salvador Dalí war pietätlos und unangebracht. Was die tieferen Gründe seiner Aktion waren, wissen wir nicht. Dalí hatte sich jedoch ohne Zweifel skandaliert. An den Reaktionen der Umgebung erkennen wir einen möglichen Sinn dieser Provokation. Sein Auftritt löste, wie auch andere seiner Aktionen, eine deutliche Irritation aus. Man entrüstete sich und distanzierte sich vom exzentrischen Künstler. Dalí war übergeschnappt und größenwahnsinnig, wussten die einen. Er ist einfach verrückt geworden, die anderen. Möglicherweise war genau dies der Zweck seiner Aktion. Er wählte die Provokation, um nicht von der Gesellschaft vereinnahmt zu werden und damit als *Künstler* langsam in den Hintergrund zu treten. Seine Geschmacklosigkeit drückte vielleicht die

Weigerung aus, die Rolle des erfolgreichen, angepassten und gesellschaftlich anerkannten Malers zu übernehmen. Dalí inszenierte sich jedoch auch, um seine irritierende egozentrische Energie zu erhalten. Durch sein Verhalten sprengte er die Rolle, die für ihn von anderen vorgesehen war.

Mit einer ähnlichen Problematik kämpfte Friedrich Gulda (1930–2000), der klassische Pianist aus Wien, der die Musikwelt durch seine Beethoven-Interpretationen, seine Jazzkompositionen und seine freien Improvisationen am Klavier und am Schlagzeug beeindruckte. Gulda skandalierte sich, als er Schach spielte, statt ein Konzert zu geben. Er spazierte durch Salzburg und hatte eine Schachpartie für den Abend geplant. Zufällig erblickte er ein Plakat, auf dem ein Konzert »Bach for the people« angekündigt war und sein Name darunter stand. Er selber wusste nichts davon. Sofort rief er den Veranstalter an. Dieser entschuldigte sich, rechnete jedoch fest damit, dass Gulda trotzdem erscheinen würde. Gulda war entsetzt und entschloss sich kurzerhand, dennoch Schach zu spielen. Allgemeine Empörung war die Folge und die Zeitungen waren voll von Berichten des arroganten Gulda. Wahrscheinlich musste er arrogant reagieren, um selbst seine Ausrichtung auf Erfolg zu relativieren. Das Publikum war ihm wichtig, doch er durfte sich von seinem Anerkennungswunsch nicht manipulieren lassen. Er ließ das Scheitern zu. Ein anderes Mal skandalierte sich Gulda, als er sich als Vorspieler des Rocksängers Randy Newman engagieren ließ, der Gulda nicht kannte. Gulda spielte vor dem lärmenden Publikum Mozart, das eigentlich ein Rockkonzert erwartet hatte. Ihm gefiel diese Provokation.

Für Gulda war der Skandal ein Lebenselixier. Nur so verhinderte er die Vereinnahmung durch das System, durch den »Musikantenstadl«, wie er es nannte. Für ihn war die Fähigkeit, sich zu skandalieren, wichtig, um sich nicht zu verbürgerlichen. Er wusste, dass öffentlicher Beifall immer zweischneidig ist: Einerseits drückt er Anerkennung und Bewunderung aus, andererseits ist er ein Disziplinierungsmittel. Seine uneingeschränkte Annahme würde die Bereitschaft ausdrücken, sich den jeweiligen Normen anzupassen.

Aufstand der Innenwelt

Bisher haben wir Skandale aus der Perspektive der Außenwelt betrachtet. Aus extravertierter Sicht ist ein Skandal ein Scheitern und drückt die Unfähigkeit aus, sich in eine Gesellschaft einzugliedern. Dem Skandalierer fehlen soziale Kompetenz und Intelligenz. Genauer betrachtet ist der Skandal auch ein Versuch, sich der Vereinahmung durch andere zu entziehen. Persönliche Skandale können deshalb als Hinwendung zur Seele verstanden werden. Skandalierer wagen zu scheitern, damit sie sich selber nicht verlieren.

Dalí und Gulda wählten eine Provokation, damit sie sich nicht ganz mit der äußeren Welt identifizierten und als »erfolgreiche Menschen« zu einem Requisit des gesellschaftlichen Systems wurden. Beide wurden wegen ihrer Aktionen heftig kritisiert. Das provokative, extreme Verhalten war für sie nötig, um sich den Umarmungsversuchen der Gesellschaft zu entziehen. Sie mussten das Scheitern riskieren, um sich selber treu zu bleiben und eine eigenständige Rolle zu bewahren. Ihre Skandale waren Selbstrettungsversuche, damit sie ihre »Narrenfreiheit« behalten konnten. Der Skandal war ein Versuch, mit der Innenwelt in Kontakt zu bleiben.

Scheitern als Luxus

Was hat dies alles mit uns zu tun? Für die Mehrheit der Menschen ist der hier skizzierte Erfolg gar nicht das Problem. Schön wäre es, wenn man sich Gedanken über die demonstrative Ablehnung des Friedenspreises des Deutschen Buchhandels oder eines Interviews mit dem *Spiegel* machen müsste. Wenn wir sogar bei Straßenumfragen zu lokalen Problemen ignoriert werden und Mühe haben, den Arbeitsplatz zu sichern, dann sind Gedanken zu einem möglichen Scheitern Luxus. Als normal sterbliche Menschen führen wir nicht dasselbe Leben wie Gulda oder Dalí und haben andere Probleme zu bewältigen.

Deren Verhalten zeigt uns jedoch etwas auf, das auch für uns wichtig sein kann. Auch wenn wir keine bekannten Persönlichkeiten sind und von außen besehen ein relativ banales Leben führen mögen, ist die Gefahr auch für uns groß, einen einmal bewährten, von der Umgebung akzeptierten Weg, der für uns jedoch nicht mehr stimmig ist, nicht mehr zu verlassen. Die Geschichten von Dalí und Gulda verweisen auf ein Risiko, das uns auch als Normalbürger bewusst sein muss. Unser äußerlicher Erfolg definiert sich nicht durch Berühmtheit und Reichtum, sondern dadurch, dass wir uns in unseren Entscheidungen und Plänen ganz nach den Wünschen der Umgebung richten. Wir integrieren uns in einen sozialen Kreis, orientieren uns an den Werten der Familie und streben nach Zielen, die unsere Bezugsgruppen definieren. Wir arbeiten in einem Beruf, leben in einer Beziehung oder einer Wohnsituation, die akzeptabel oder vielleicht sogar gut sind und in denen wir scheinbar erfolgreich sind.

Vielleicht arbeiten wir als Lehrerin, haben eine gute Stelle und sind zufrieden mit dem Lehrkörper. Wir werden von den Eltern für unsere Arbeit gelobt und die Kinder haben uns auch gern. Wir haben Erfolg und die Schulbehörde schenkt uns am Ende des Jahres sogar eine Flasche Wein. Unsere Vereinnahmung durch das System ist perfekt. Obwohl nach außen hin alles in Ordnung ist, merken wir vielleicht, dass wir Gefangene wurden. Unsere Seele wird unruhig, sucht etwas anderes. Oft bringt die Umgebung kein Verständnis dafür auf. Natürlich können wir weiterhin in der gleichen Lebenssituation verharren und uns arrangieren, doch womöglich zieht es uns weiter und wir müssen die Richtung ändern – und dabei den Skandal oder das Scheitern wagen.

Der Sinn des Scheiterns

Wir brauchen eine Kunst des Scheiterns, damit wir uns nicht von einer fixierten Rolle, einem eingeschlagenen Weg oder einer erfolgreichen Karriere blenden lassen und unsere Innenwelt vernachlässigen. Unsere Seele will nicht immer das, was auch die Umgebung von uns möchte. Möglicherweise verpassen wir jedoch den richtigen Zeitpunkt, einen neuen Kurs einzuschlagen. Richtungsänderungen im eigenen Leben sind nicht einfach. Oft ist es trotzdem wichtig, ein Scheitern zu wagen, damit wir weiterkommen.

Die Diplomarbeit war geschrieben, angenommen und als ausgezeichnet befunden. Die schriftliche und mündliche Prüfung hatte sie fast hinter sich. Jetzt musste die 28-jährige Studentin nur noch die allerletzte Prüfung absolvieren. Der Termin war um elf Uhr morgens angesetzt. Eine Stunde vor Prüfungsbeginn veränderte sich plötzlich ihre Stimmung. Sie wusste nicht, wie ihr geschah. Sie lag auf dem Bett im Zimmer ihrer Studentenwohnung und zitterte am ganzen Körper. Obwohl sie wollte, konnte sie sich nicht aus dem Zimmer herausbewegen. Es ging nicht. Sie schwitzte, hatte Angst und wusste, dass sie eigentlich schon an der technischen Hochschule sein sollte. Trotz gewaltiger willentlicher Anstrengung konnte sie sich nicht aus der plötzlichen Paralyse befreien. Schließlich verpasste sie den Prüfungstermin.

Allgemeines Erstaunen überall. Ihre Mutter war entsetzt, der Vater tröstete sie und ihre Professoren verstanden sie nicht. Wie konnte eine begabte Tiefbauingenieurin den letzten Termin verpassen? Alle Prüfungen hatte sie bis jetzt ohne größere Probleme bestanden und die Diplomarbeit war ja akzeptiert worden. Wieso diese Reaktion? Ein zweiter Termin wurde vereinbart. Diesmal sorgten sich ihre Freunde um sie. Vergeblich, wieder dieselbe Reaktion. Diesmal blieb sie in der Küche und heulte wie ein Schlosshund. Es ging nicht. Alles gute Zureden und auch sachter Zwang nutzten nichts. Der innerliche Druck war stärker. Wegen zweimaligen Nichterscheinens beim letzten Prüfungstermin wurden alle bisherigen Prüfungsleistungen annulliert.

Sie musste die ganze Prüfungsvorbereitung nochmals über sich ergehen lassen. Sie verfasste eine neue Diplomarbeit und meldete sich wieder zu den mündlichen Prüfungen an. Vier der mündlichen Prüfungen bestand sie mit Bravour. Endlich eine weibliche Tiefbauingenieurin, die ihren männlichen Kollegen die Stirn bieten kann, hieß es. Man gratulierte ihr schon im Voraus. Doch vor dem abschließenden fünften Prüfungstermin wiederholte sich die gleiche Tragödie. Sie verharrte in ihrem Zimmer und konnte sich nicht bewegen. Sie konnte die Prüfung nicht absolvieren und exmatrikulierte sich nach 14 Semestern Studium an der technischen Hochschule ohne offiziellen Abschluss. Ihre Familie, ihre Kommilitonen und Professoren reagierten mit Unverständnis. War sie gescheitert?

Das scheinbare Debakel kann nicht nur als neurotische Störung abqualifiziert werden, sondern macht vielleicht auch Sinn.

In einer psychologischen Beratung stellte sich heraus, dass der Beruf der Tiefbauingenieurin ihr aufgedrängt worden war. Sie war zwar sehr begabt und tüchtig in diesem Fachbereich, doch diese technische Tätigkeit entsprach nicht ihrer seelischen Berufung. In ihrem sehr emanzipierten Milieu war klar, dass man als Frau einen »männlichen« Beruf wählte. Der Familiencode befahl es.

Etwas in ihr begann sich gegen diesen Auftrag zu wehren. Sie spürte, dass dieser Beruf nicht wirklich ihr entsprach. Es zog sie zu einer »weiblicheren« Tätigkeit hin. Auf den Erfolg, den sie sicherlich als Bauingenieurin gehabt hätte, musste sie verzichten. Sie war jedoch nicht gewillt, sich wegen der Aussicht auf eine prominente gesellschaftliche Rolle von dem abbringen zu lassen, was in ihrer Seele widerhallte.

Sie hatte sich durch das dreimalige Scheitern skandaliert, den Erfolg selbst verhindert, damit sie sich einer Tätigkeit widmen konnte, die ihr mehr entsprach. Sie wandte sich einem Sprachstudium zu und wurde eine mittelmäßig begabte Anglistin. Obwohl sie für dieses Fach nicht über dieselben Talente verfügte, entsprach es ihr persönlich mehr. Davor hatte sie sich jedoch dem Diktat ihres Umfeldes entziehen müssen.

Scheitern tut weh. Wir erreichen ein Ziel nicht. Ein Traum zerplatzt, eine Herausforderung wird nicht gemeistert oder eine Etappe nicht bewältigt. Wenn wir scheitern, sind wir irritiert, traurig, deprimiert oder verärgert. Wieso muss das mir passieren! Wieso wurde ich von meinem Partner verlassen, wieso wurde mir gekündigt, wieso versagte ich bei diesem Vortrag! Scheitern können wir im Beruf, in der Schule, bei Projekten oder in der Liebe. Eine Beziehung geht auseinander, in die man viel investiert hat, ein Lebensplan muss über Bord geworfen werden, weil wir die Kraft nicht aufbringen, ihn zu realisieren. Handelt es sich um ein zentrales Lebensthema, verändert sich das Lebensgefühl: Am Ende des Tunnels sehen wir nur noch Nacht und es überkommt einen das Gefühl der Perspektivlosigkeit.

Oft verändert sich unsere Wahrnehmung. Wir sind auf das Negative fixiert: Die Wohnung ist zu klein, das Schnarchen des Partners unerträglich oder der ewige Nebel über der Stadt ein Grund, um auszuwandern. Durch ein Scheitern wird das Selbstbild in Frage gestellt. Ein Schauspieler merkt, dass der große Durchbruch vielleicht doch eine Illusion ist, oder der Jungunternehmer realisiert, dass die Stille des Telefons doch nicht auf einen Leitungsdefekt zurückzuführen ist. Wenn wir scheitern, rebelliert die Realität gegen unsere Vorstellungen. Was wir in die Welt und auf uns selber projiziert haben, wird verworfen. Das Schicksal grinst uns hämisch an und beweist seine Macht.

Jeder Mensch, der etwas erreichen will, muss auch scheitern können. »The path to success is plastered with failures!« (»Der Weg zum Erfolg führt über das Scheitern!«), schreibt George Meredith in seinem Buch *The Egoist*. Scheitern und Erfolg sind verwandt, denn um mit sich selbst zufrieden zu sein, müssen wir es auch verstehen, souverän zu scheitern.

Scheitern ist oft ein Teil eines Veränderungs- und Ablösungsprozesses. Es bedeutet, dass man vom einmal definierten Weg abkommt. Durch dieses Scheitern lösen wir uns von den Erwartungen, die durch die Erziehung, die Familie oder eine Berufsgruppe in uns gesetzt wurden, die jedoch unserer eigentlichen Berufung widersprechen. Unsere Seele zieht es woanders hin. Eine solche Richtungsänderung erleben wir als schmerzlich und oft als persönliche Katastrophe. Wir lösen uns von der extravertierten Ausrichtung dem Leben gegenüber oder von Aufträgen und Erwartungen der Umgebung und beginnen uns nach *innen* zu orientieren. Die eigene Seele, die Träume, Gefühle, Empfindungen, die man in sich spürt, werden zugelassen.

Das Scheitern in Form des persönlichen Skandals ist eine Möglichkeit, sich der Vergesellschaftung und dem Druck des Kollektivs zu entziehen. Die Rolle des Erfolgreichen oder Angepassten wird abgelehnt und abgestoßen. Aus dem tiefen Wunsch, nicht nur ein Opfer der Anpassung zu werden und eine vorgegebene Rolle zu übernehmen, inszeniert man ein Debakel. Dieses kreiert Aufregung, Irritationen und Ärger, die wiederum die Kraft zu einer psychischen Einstellungsänderung freisetzen. Wir haben so die Möglichkeit, uns von festgefahrenen Mustern zu lösen.

Durch Scheitern der eigenen Persönlichkeit näher kommen

Unsere Seele hat einen schwer zivilisierbaren, anarchischen Kern. Wir versuchen zwar meistens, Normalität zu mimen und den Vorstellungen und Werten, in die wir hineinwachsen, zu entsprechen. Es darf jedoch nicht zu einfach und glatt verlaufen. Ein scheinbar erfolgreiches Leben löst in unserer Seele eine Revolte aus. Vom tieferen seelischen Standpunkt aus gesehen müssen wir unserer irritierenden, oft anarchischen Seite in uns auch Platz geben. Ein Leben nur im Rahmen der Normalität ist seelisch kaum zu ertragen. Wir brauchen auch den Zwischenschritt oder die ungewohnte Situation. Das Bedürfnis nach einem existenziellen Drama muss gestillt werden. Wenn wir uns im Streben nach Erfolg nur nach den äußeren Kriterien richten, die das Kollektiv vorschreibt, dann droht innerliche Öde. Wir verzweifeln an der Banalität des Seins und wissen nicht mehr weiter.

Mit der Kunst des Scheitern lassen wir auch Handlungen und Tätigkeiten in uns zu, die uns selber und die Umgebung irritieren. Gedanken, die gesellschaftlichen Vorgaben widersprechen und die unsere eigenen Pläne durchkreuzen, werden erlaubt. Diese Aufgabe wird durch die Kunst des Scheiterns gelöst. Hie und da müssen wir loslassen, Misserfolge und Peinlichkeiten zulassen, damit sich Alternativen präsentieren. Dieser oft beschwerliche Weg beschenkt uns nicht immer mit äußeren Erfolgen, doch er verhilft uns oft zu einer inneren Befriedigung und entspricht häufig mehr der eigenen Persönlichkeit.

Wenn wir Erfolg haben, und sei es auch im bescheidenen Rahmen, passen wir uns einem bestimmten Skript an. Aus psychologischer Sicht leben wir dann extravertiert. Wir handeln unsere seelische Themen an äußeren Objekten ab. Diese werden zu Trägern emotionaler Prozesse: Sind wir unzufrieden, nehmen wir dieses negative Gefühl nicht an uns selber wahr, sondern es ärgert uns ein neues Projekt oder wir haben das Gefühl, alle Kollegen seien gegen uns. Die extravertierte Einstellung dem Leben gegenüber wird durch Erfolge gefördert. Durch positive Rückmeldungen besteht aber die Gefahr, dass wir uns auf die aufgetragene Rolle fixieren und andere Seiten unserer Persönlichkeit vernachlässigen. Lösungen suchen wir in der Außenwelt: Wir verändern die Wohnungseinrichtung, kritisieren Mitmenschen oder rasen ziellos von einem Ort zum anderen.

Bei der Introversion rückt der Dialog mit uns selber in den Vordergrund. Wir zweifeln an unseren Fähigkeiten, fühlen uns als Außenseiter und distanzieren uns von äußeren Ereignissen. Introversion manifestiert sich oft durch depressive oder Sinnlosigkeitsgefühle. Diese oft unangenehmen Empfindungen sind Tore zur Innenwelt. Unsere Seele ordnet sich neu und innere Prozesse haben Priorität.

Der Mensch beginnt über seine Psychologie nachzudenken, wenn das Leben nicht mehr seinen gewohnten Gang geht und Erfolg keine Selbstverständlichkeit mehr ist. Dieser Mechanismus manifestiert sich bei Aussteigern. Dies sind Menschen, die radikal mit ihrem gewohnten Leben brechen, weil sie eine alternative Lebensform fanden. Ausgangspunkt solcher Entschlüsse sind oft Kernerlebnisse, die das herkömmliche Dasein in einem anderen Licht erscheinen lassen.

Ein Buchhandelsvertreter reiste jahrelang in Deutschland herum, um Buchhandlungen und Messen zu besuchen. Literatur und die Aufregung um Buchpublikationen waren sein Lebenselixier. Langsam begann sich seine Stimmung jedoch zu ändern. Die Routine ärgerte ihn und die Autoren empfand er immer mehr als Primadonnen. Zweimal verpasste er einen wichtigen Termin in einer Buchhandlung und während einer Zugreise verlor er sogar seine Vertretermappe. Er hatte das Gefühl, dass seine Arbeit immer komplizierter wurde. Seine Kritik am Verlagswesen wurde immer massiver. Er schuftete weiter, doch langsam begannen ihm die Felle davonzuschwimmen. Seine Verkaufszahlen stimmten nicht mehr und er verlor zwei seiner besten Verlage. Er begann sich über das viele Reisen zu beklagen und empfand die Buchhändler als dumm und austauschbar. Wieso Bücher verkaufen, wenn sie sowieso selten gelesen werden?

Eine Zeit lang versuchte er verzweifelt neue Buchverlage zu gewinnen und die Verkaufstaktik zu ändern, bis ihm langsam dämmerte, dass er allmählich scheiterte. Seine Seele verlangte eine Einstellungsänderung. Die Wende nach innen drückte sich über seinen Ärger aus. Er musste auf seine innere Stimme hören und sein Leben umgestalten.

Zwei Jahre später führte der Buchhändler einen Computerladen, verdiente viel Geld und war zufrieden.

Die Kunst des Scheiterns

Bewusst oder unbewusst bringen wir durch den Skandal den Mut zu scheitern auf. Absichtlich wollen wir nicht scheitern, doch die Veränderungen, die durch den Prozess ausgelöst werden, können schlussendlich ein persönlicher Gewinn sein.

Vorerst erleben wir das Scheitern jedoch als ein Debakel. Wir schämen uns. Wir nehmen Abschied von einer Beziehung, einer beruflichen Position oder einer geschäftlichen Tätigkeit. Aus der Sicht der Außenwelt ist das Scheitern ein Zusammenbruch, aus der Perspektive der Innenwelt eventuell die Hinwendung zu neuen, inneren Ressourcen.

Wir müssen von der Idee abkommen, dass Erfolg das einzige Ziel ist. Die Fixierung auf Erfolg droht unseren Wahrnehmungshorizont zu beschränken. Wir starren nur noch auf vordefinierte Ziele. Vom psychologischen Standpunkt aus gesehen bergen auch Misserfolge wichtige seelische Energie. Seelische Wandlungen ereignen sich meistens nicht über Erfolge, sondern über das Scheitern. Sie führen uns in die Tiefe der Seele, werfen uns in die Unwirtlichkeit und das Chaos unseres Seins. Das Scheitern, das im Skandal immer auch mitschwingt, wird zu einer Möglichkeit, mit dem *ganz Anderen* in Kontakt zu treten. Wir brauchen dann Raum und Toleranz für Misserfolge, sonst schotten wir uns ab und werden seltener vom Seelischen berührt oder aufgewühlt.

Scheitern und sich skandalieren können leider auch in einer persönlichen Katastrophe enden. In diesem Fall führt der innere Antrieb nicht zu einer Einstellungsänderung und Neuausrichtung, sondern zu einem Debakel. Der betreffende Mensch ruiniert sich oder begeht sozialen Selbstmord. »Natürlich arbeite ich!«, entgegnete der 40-jährige Psychotherapeut, als er von einer Kollegin ertappt wurde, wie er während der Arbeitszeit auf einem Sofa lag und schlief. »Ich träume von meinen Patienten und sende ihnen Energien«, fuhr er fort. Das Verständnis für diese Methode, psychotherapeutisch zu arbeiten, war unter seinen Kollegen sehr begrenzt. Sein Chef stellte ihn zur Rede.

Eine Woche später verkündete der kritisierte Psychotherapeut, er werde in der nächsten Sitzung der Poliklinik eine wichtige Mitteilung machen. Um genau 9.11 Uhr wolle er sprechen. Seinen verdutzten Kollegen verkündete er dann, dass er seine Stelle aufgeben werde, um in einem Kloster auf Sri Lanka zu meditieren. Frau und Kinder lasse er zurück, seine Selbstverwirklichung verlange dies.

Drei Jahre später kehrte er kleinlaut zurück. Er hatte sich von der Gesellschaft losgelöst, war ein Wrack und hatte keine Stelle mehr. Sein persönlicher Skandal bedeutete für ihn den Ruin.

In der Kunst des Scheiterns skandalieren wir uns, ohne sinnlos Harakiri zu begehen. Das Scheitern betrifft eine gesellschaftliche Rolle oder Position, nicht das Sein an sich. Freunde, Familie und eventuell ein soziales Sicherheitsnetz gilt es zu erhalten, damit man nicht ganz durchfällt und sich vernichtet. Mut zum persönlichen Skandal heißt, dass wir das Konventionelle überwinden, unsere Maske ablegen, um einen neuen Schritt im Leben zu wagen, ohne dass wir uns dabei zerstören.

Der Mensch findet erst zu sich, wenn er Scheitern zulässt.[38] Damit wir unsere eigene Seele finden, müssen wir auch wagen, unsere inneren Abgründe zu erkunden. Wir müssen das Scheitern, das sich im persönlichen Skandal ausdrückt, zulassen und in seinem ganzen Zwiespalt durchleben, damit wir zum Kern der eigenen Seele finden. Unser Wesen finden wir nicht nur über Selbsterfahrungskurse, psychologisches Wissen oder durch die Teilnahme an den Oberflächlichkeiten gesellschaftlichen Lebens, sondern durch die Konfrontation mit abwegigen Fantasien und Emotionen. Diese führen uns oft zu den transzendenten Tiefen unseres Seins. Der persönliche Skandal ist ein Weg, wie wir zu unserer Existenz finden.

Wenn wir das Risiko der Demaskierung der eigenen Persona eingehen, können wir auch hoffen, dass wir der eigenen Persönlichkeit näher kommen. Eine Selbstentwicklung über das Wohl und die restlose Anpassung an die Gesellschaft überfordern unsere Psyche. Der Mensch ist kein Wesen, das ausschließlich durch der Eingliederung in seine soziale Umgebung glücklich wird. Von Zeit zu Zeit ist eine kleine Revolte notwendig.

Damit wir scheitern und uns persönlich skandalieren können, brauchen wir eine Kultur, in der dieses Verhalten nicht zu gesellschaftlicher Ächtung oder zu einer persönlichen Katastrophe führt. Wir brauchen eine Kultur, die Skandalen einen Platz gibt, die sich mit ihnen auseinander setzt, ohne sie uneingeschränkt gutzuheißen. Wichtig sind Toleranz und psychologisches Reflexionsvermögen, um zu erkennen, dass skandalöses Verhalten nicht immer krank und bizarr ist oder sogar bestraft werden sollte, sondern sich in ihm ein verzweifeltes Ringen der Seele mit sich selbst ausdrückt. Nötig dazu ist eine *pragmatische Moral,* die nicht genaue Richtlinien für den Menschen vorschreibt, sondern von Basiswerten ausgeht, deren Auswertung und Umsetzung dem Einzelnen vorbehalten bleiben. Wir brauchen jedoch auch eine Kultur, die Unsinn, Scheitern, Humor, Verrücktheiten und anarchische Schübe zulässt, damit man sich immer wieder neu definieren und ordnen kann.

Abschied von der Kontrolle

Wenn wir Respekt vor dem persönlichen Skandal haben und Scheitern erlauben, bedeutet dies auch, dass wir Abschied von der Kontrolle nehmen. Weder eine Beziehung noch eine Karriere kann man genau planen und kontrollieren. Im Gegenteil: Kontrolle provoziert Misserfolg. Emotionen oder Fantasien weichen persönlichen Masterplänen aus und suchen sich einen anderen, unbekannten, oft unheimlichen Weg. Dieser Abschied von der Kontrolle fällt uns schwer. Gerne würden wir uns in Sicherheit wiegen, die Zukunft kennen und in einer Art Festschreibung einen Beweis der Unterordnung des Morgen unter das Heute sehen. Aus psychologischer Perspektive ist dies nicht möglich. Im Leben voranzuschreiten, bedeutet Schritte in den Nebel zu wagen, beseelt von Fantasien und Zuversicht, jedoch ohne zu wissen, was auftauchen wird.

Anmerkungen

1 Eric W. Rothenbuhler: *Ritual Communication. From Everyday Conversation to Mediated Ceremony,* London 1998

2 Stuart Sutherland: *Irrationality. The Enemy Within,* London 1992, S. 63 ff.

3 Siehe Johanna Bourke: *An Intimate History of Killing,* London 1999

4 Elisabeth Bird: »What a Story. Understanding the Audience for Scandal«, in: James Lull u. Stephan Hinerman: *Media Scandals. Morality and Desire in the Popular Culture Marketplace,* Oxford 1997, S. 99–121

5 Siehe Hans Flury: »Psycho-Kitsch – geht es ohne ihn?« In: *Gorgo. Zeitschrift für archetpyische Psychologie und bildhaftes Denken,* Heft 36/1999, S. 15–34

6 Siehe Wolfgang Hell: »Gedächtnistäuschungen«, in: E.P. Fischer (Hrsg.): *Gedächtnis und Erinnerung. Mannheimer Forum 97/98. Studienreihe Boehringer Mannheim,* München 1998

7 Benjamin Korn: *Kunst, Macht und Moral. Essays,* Frankfurt/M. 1998, S. 96

8 Siehe Leon Wurmser: *Die Maske der Scham. Die Psychoanalyse von Schameffekten und Schamkonflikten,* Berlin, 3., erw. Aufl. 1998

9 Siehe Donald Kalsched: *The Inner World of Trauma. Archetypal Defenses of the Personal Spirit,* New York 1996

10 Fritz Zorn: *Mars. Ich bin jung und reich und gebildet, und bin unglücklich, neurotisch und allein,* München 1994

11 James Hillman: *Re-Visioning Psychology,* New York 1975

12 Siehe Sigmund Freud: *Zur Psychopathologie des Alltagslebens,* Frankfurt/M., 9. Aufl. 1991

13 Siehe Allan Guggenbühl: *Männer, Mythen, Mächte. Ein Versuch, Männer zu verstehen,* Zürich 1998

14 Hans Martin Kepplinger u. Uwe Hartung: *Am Pranger. Eine Fallstudie zur Rationalität öffentlicher Kommunikation*, München 1993, S. 6

15 Vgl. Stuart Sutherland: *Irrationality*, a.a.O.

16 Siehe Stanley Milgram: *Das Milgram-Experiment. Zur Gehorsamsbereitschaft gegenüber Autorität,* Reinbek 2000

17 David Weeks u. Jamie James: *Eccentrics. A Study of Sanity and Strangeness,* London 1996, S. 130 ff.

18 Ernst Leisi: *Paar und Sprache. Linguistische Aspekte der Zweierbeziehung,* Wiebelsheim, 4. Aufl. 1993

19 Siehe Paul Vitz: *Psychology as Religion: The Cult of Self-Worship,* Grand Rapids 1994

20 C.G. Jung: *Psychologie und Religion,* GW 11, Paragraph 131, Olten 1979, S. 83

21 Siehe Maja Storch: *Die Sehnsucht der starken Frau nach dem starken Mann,* Düsseldorf, 5. Aufl. 2000

22 Siehe Giora S. Shoham: *Verbrechen als Heilsweg. Seelische Entwicklung durch asoziales Verhalten,* Zürich 1982, S. 27

23 Siehe Friedrich Koch: *Sexuelle Denunziation. Die Sexualität in der politischen Auseinandersetzung,* Frankfurt/M. 1986

24 Gerhard Prause: *Genies ganz privat. Die kleinen Schwächen großer Männer und Frauen,* München 1999

25 Rudolph Wahl: *Karl der Große,* Frankfurt/M. 1954

26 Erik Bergengren: *Alfred Nobel. Eine Biographie,* München 1965

27 Siehe Gerhard Prause: *Genies ganz privat,* a.a.O.

28 Siehe Victor Turner: *The Ritual Process. Structure and Anti-Structure*, New York, 2. Aufl. 1995

29 Philippe Ariès u. Georges Duby (Hrsg.): *Geschichte des privaten Lebens,* Bd. 2, Frankfurt/M. 1991, S. 529

30 Ebd., S. 536

31 Dies.: *Geschichte des privaten Lebens,* Bd. 4, Frankfurt/M. 1992, S. 431

32 Kirsten Burghardt: *Werk, Skandal, Exempel. Tabudurchbrechung durch fiktionale Modelle: Willi Forsts »Die Sünderin«,* München 1996

33 Siehe Allan Guggenbühl: *Pubertät – echt ätzend. Gelassen durch die schwierigen Jahre,* Freiburg, 2. Aufl. 2000

34 Kreisschreiben des Obergerichts des Kantons Zürich (September 2000), gestützt auf die Vollzugsverordnung § 135 des Verwaltungs- und Obergerichts: »Leitlinien zum korrekten sexuellen Umgang zwischen Kollegen und Kolleginnen«

35 Siehe Laud Humphreys: »Ausbruch aus der Normalität«, in: Helmut Kentler (Hrsg.): *Sexualwesen Mensch,* München u. Zürich 1984, S. 255–268

36 Siehe Thomas Moore: *The Soul of Sex. Cultivating Life as an Act of Love,* New York 1998, S. 222 ff.

37 Siehe James Hillman: *Pan und die natürliche Angst. Über die Notwendigkeit der Alpträume für die Seele,* Zürich, 2. Aufl. 1995

38 Siehe Johannes Goebel u. Christoph Clermont: *Die Tugend der Orientierungslosigkeit,* Berlin, 2. Aufl. 1997

Literatur

Althoff, Gerd, Goetz, Hans W. u. Schubert E.: *Menschen im Schatten der Kathedrale. Neuigkeiten aus dem Mittelalter,* Darmstadt 1998

Ariès, Philippe u. Duby, Georges (Hrsg.): *Geschichte des privaten Lebens,* Bd. 2 u. 4, Frankfurt/M. 1991 u. 1992

Bergengren, Erik: *Alfred Nobel. Eine Biographie,* München 1965

Blintz, Helmut: *Das Skandalon als Grundlagenproblem der Dogmatik*, Berlin 1969

Burghardt, Kirsten: *Werk, Skandal, Exempel. Tabudurchbrechung durch fiktionale Modelle: Willi Forsts »Die Sünderin«,* München 1996

Ebbighausen, Rolf u. Neckel, Sighard (Hrsg.): *Anatomie des politischen Skandals,* Frankfurt/M. 1989

Goebel, Johannes u. Clermont, Christoph: *Die Tugend der Orientierungslosigkeit,* Berlin, 2. Aufl. 1997

Guggenbühl, Allan: *Pubertät – echt ätzend. Gelassen durch die schwierigen Jahre,* Freiburg, 2. Aufl. 2000

Harris, Judith Rich: *Ist Erziehung sinnlos? Die Ohnmacht der Eltern,* Reinbek 2000

Hillman, James: *Pan und die natürliche Angst. Über die Notwendigkeit der Alpträume für die Seele,* Zürich, 2. Aufl. 1995

Humphreys, Laud: »Ausbruch aus der Normalität«, in: Helmut Kentler (Hrsg.): *Sexualwesen Mensch,* München u. Zürich 1984

Jung, C.G.: *Psychologie und Religion,* GW 11, Olten 1979

Koch, Friedrich: *Sexuelle Denunziation. Die Sexualität in der politischen Auseinandersetzung,* Frankfurt/M. 1986

Leisi, Ernst: *Paar und Sprache. Linguistische Aspekte der Zweierbeziehung,* Wiebelsheim, 4. Aufl. 1993

Milgram, Stanley: *Das Milgram-Experiment. Zur Gehorsamsbereitschaft gegenüber Autorität,* Reinbek 2000

Moore, Thomas: *The Soul of Sex. Cultivating Life as an Act of Love,* New York 1999

Parris, Matthew: *Great Parliamentary Scandals*, London 1997

Prause, Gerhard: *Genies ganz privat. Die kleinen Schwächen großer Männer und Frauen,* München 1999

Rothenbuhler, Eric W.: *Ritual Communication. From Everyday Conversation to Mediated Ceremony,* London 1998

Schütze, Christian: *Skandal. Eine Psychologie des Unerhörten*, Bern u. München 1985

Shoham, Giora S.: *Verbrechen als Heilsweg. Seelische Entwicklung durch asoziales Verhalten,* Zürich 1982

Sitwell, Edith: *Englische Exzentriker. Eine Gallerie höchst merkwürdiger und bemerkenswerter Damen und Herren,* Berlin 2000

Storch, Maja: *Die Sehnsucht der starken Frau nach dem starken Mann,* Düsseldorf, 5. Aufl. 2000

Sutherland, Stuart: *Irrationality. The Enemy Within,* London 1992

Turner, Victor: *The Ritual Process. Structure and Anti-Structure,* New York, 2. Aufl. 1995

Van Til, Reinder: *Lost Daughters. Recovered Memory Therapy and the People it Hurts,* Grand Rapids 1997

Vitz, Paul: *Psychology as Religion: The Cult of Self-Worship,* Grand Rapids 1994

Wahl, Rudolph: *Karl der Große,* Frankfurt/M. 1954

Weeks, David u. James, Jamie: *Eccentrics. A Study of Sanity and Strangeness,* London 1996

Das etwas andere Glücksbuch

Ute Lauterbach
Spielverderber des Glücks
Mit Lust und Leichtigkeit loswerden, was uns am Glücklichsein hindert
237 Seiten. Klappenbroschur
ISBN 3-466-30543-8

Glück ist Lebenselixier und Kostbarkeit. Um es zu finden und zu bewahren, ist es wichtig, seine Freunde und Feinde zu kennen.

Ute Lauterbach stellt das Glück und 50 seiner Spielverderber vor, damit wir uns auf humorige Weise in die Glückspflege stürzen und zum genüsslichen »Enthauptungsschlag« dieser Spielverderber ausholen können. Die weiterführenden Lösungsfragen und die von der Autorin entwickelten Koans lassen ein lustvolles Trainingsprogramm entstehen.

KÖSEL

Kösel online: www.koesel.de; e-mail: service@koesel.de